D1672991

Monika Rüterkamp

Ich küsse Deine Wunden
und ich heile sie mit meiner Liebe

Monika Rüterkamp

Ich küsse
Deine Wunden
und ich heile sie
mit meiner Liebe

Bernardus-Verlag

Impressum

© 2012

by Bernardus-Verlag
Alle Rechte vorbehalten
Gesetzt in der Arno
Titelgestaltung: Druck & Verlagshaus Mainz GmbH

BERNARDUS-VERLAG
Büro: Abtei Mariawald
52396 Heimbach/Eifel

Tel.:   0 24 46 / 95 06 15
Fax.:   0 24 46 / 95 06 15
Internet: http://www.bernardus-verlag.de
e-mail: bernardus@verlag-mainz.de

Zentrale: Verlag MAINZ
Süsterfeldstraße 83
52072 Aachen
Internet: http://www.verlag-mainz.de
e-mail: bernardus@verlag-mainz.de

Bildernachweise
Umschlag-Fotos: Thomas Bacher
Oberbekleidung: „Tunika Johanna", www.Liebling.cc

Kontakt zur Autorin
unter der eMail-Adresse: *Kontakt@Monika-Rueterkamp.de*

Druck
Druck & Verlagshaus Mainz GmbH
Süsterfeldstraße 83
52072 Aachen

ISBN-10: 3-8107-0133-5
ISBN-13: 978-3-8107-0133-6

Phil.-Theol. Hochschule Benedikt XVI. Heiligenkreuz

Pater Dr. Karl Wallner OCist

Hochschulprofessor und Rektor

Zisterzienserabtei Stift Heiligenkreuz
A-2532 Heiligenkreuz im Wienerwald
Österreich

„Nichts ist siegreicher als die Liebe Gottes, die wir in unserem Leben zu verwirklichen suchen."

Pater Karl Wallner

Inhalt

MONIKA RÜTERKAMP

Ich küsse Deine Wunden
und ich heile sie mit meiner Liebe

I kiss your wounds, and I heal them with my love

Yo beso tus heridas y las sano con mi amor

Io bacio le tue ferite e le curo con il mio amore

Je baise tes plaies et je les panse avec mon amour

Całuję Twoje Rany i uzdrawiam je moją miłością

1. wie Monika.
   „Aus der Träne gedeiht eine Blume" – Deutsch.

2. wie Gott.
   „An Gott hängt mein ganzes Herz" – Englisch.

3. wie Kreuz.
   „Aus der Mitte des Kreuzes entsteht die Kraft des Herzens" – Spanisch.

4. die Sonne – Italienisch.

5. wie Erde.
   „Aus der Erde gedeiht Leben" – Französisch.

6. Sonne & Mond – Polnisch.

7. Die Sprache des Herzens

Entdecke in meinem Buch auch
die Sprache deines Herzens.

Discover also the language of your heart
in my book.

Descubre en mi libro también el idioma
de tu corazón.

Riconosci nel mio libro anche la lingua
del tuo cuore.

Découvre aussi dans mon livre
la langue de mon cœur.

Odkryj w mojej książce język twego serca.

With a Little Help from my Friends

Symbole — Mathilde Grösswang

Übersetzerinnen und Übersetzer:

ENGLISCH	—	Regina Zastawniak
SPANISCH	—	Alicia Meier
ITALIENISCH	—	Ilaria Bambauer
FRANZÖSISCH	—	Prêtre Elvis Gnahoua Boka
POLNISCH	—	Maria Mumoth,
		Joanna Giessing,
		Katarzyna Dryjanski

Und auch dieses Buch
widme ich Gott!

I also dedicate this book to God!

Este libro también se lo dedico a Dios!

Ed anche questo libro io dedico a Dio!

Et je dédis aussi ce livre à Dieu!

I też tę książkę poświęcam Panu Bogu!

v. R.   Mein Herz ist erfüllt von Freude,
weil ich Dich lieben darf.

Ich küsse Deine Wunden
und ich heile sie mit meiner Liebe.

I kiss your wounds
and I heal them with my love.

Yo beso tus heridas y las sano con mi amor.

Io bacio le tue ferite e le curo con il mio amore.

Je baisse tes plaies et les panses avec mon amour.

Całuję Twoje Rany i pragnę uzdrowić je moją miłością.

Alles fing an mit einer Frage,
die ich stellte,
und mit einer Antwort, die ich bekam.

Everything started with a question I asked,
and with an answer I received.

Todo comenzó con una pregunta que híce
y una respuesta que recibí.

Tutto cominciò con una domanda,
che io ponevo,
e con una risposta che io ottenevo.

Tout commença avec une phrase que je posais
et avec une réponse que je recevais.

Wszystko zaczęło się pytaniem, które sobie zadałam,
i odpowiedzią, którą otrzymałam.

Mit großer Liebe,
mit großer Achtung
und mit großer Sorgfalt
machen wir das Kreuzzeichen!

With great love
great respect,
and with great care,
we do the sign of the cross!

Con gran amor,
con gran atención,

con gran esmero,
hacemos la señal de la cruz!

Con grande amore,
con grande stima
e con grande accuratezza,
facciamo noi il segno di croce!

Avec un grand amour,
avec une grande Attention
et avec une grande diligence,
nous faisons le signe de la croix!

Z wielką miłością,
z wielkim szacunkiem
z wielką dbałością
czynimy znak Krzyża!

Ich bin zugedeckt mit Deiner Liebe
und mein Frösteln vergeht.
Der Druck meines Herzens lässt nach und
ein Lächeln legt sich auf mein Gesicht.
Ich weiß um Deine Gegenwart und begebe mich in
Deine Obhut.
Mein Herz jubelt vor Freude und mein Innerstes
zieht sich zusammen.
In mir ist ein immerwährendes Halleluja und
ich darf den Mantel Deiner Güte tragen.

I am covered with your love,
and my shiver disappears.
The pressure in my heart fades away,
and a smile appears on my face.
I know you are here, and I betake myself to your care.
Joy fills my heart and my inmost tightens.

Inside myself I feel an everlasting hallelujah, and
I am allowed to wear the coat of your kindness.

Yo estoy cubierta con tu amor
y no tengo mas frio.
La presión de mi corazón marca una sonrisa en mi
rostro.
Yo conozco tu presencia por eso confío en tu protec-
ción.
Mi corazón se regocija y lo más profundo de mi ser se
contráe.
En mi hay un permanente aleluya y puedo cubrirme
con el abrigo de tu bondad.

Io sono coperta del Tuo amore
ed il mio brivido fugge.
La presa nel mio cuore diminuisce ed
un sorriso si appoggia sul mio viso.
Io so della Tua presenza e mi metto nella Tua custodia.
Mio cuore giubila di contentezza ed il mio intimo si
tira assieme.
In me c'è un sempre perpetuo l'alleluia e
io non posso portare il mantello della tua bontà.

Je suis couvert de ton amour
et mes frissons disparaissent.
La pression de mon Cœur baisse et
un sourire apparaît sur mon visage.
Je sens ta présence et je me mets sous ta garde.
Mon Cœur bondit de joie et ma plus profonde inti-
mité se resserre.

En moi il y a toujours un perpétuel Halleluia et
je dois porter le manteau de ta bonté.

Przykrywasz mnie swoją miłością
i moja niemoc przechodzi.
Ucisk mojego serca słabnie
Uśmiech gości znowu na mojej twarzy.
Wiem, że jesteś obecny i oddaję się pod Twoją
opiekę.
Moja dusza śpiewa, a serce się raduje.
Trwa we mnie wieczne Alleluja
i jestem ubrana w płaszcz Twojej dobroci.

Jeden Augenblick
möchte ich mich darauf besinnen können,
dass Du da bist;
spüren, dass ich Dir nah bin
und ich lasse nicht zu, dass das Alltagseinerlei
dieses Bewusstsein,
in der Tiefe des „Nicht-mehr-spürbaren",
schlafenlegt.

In every moment
I would like to remember
that you are here,
feel that I am near to you
and I don't accept that every day routine
puts to sleep
this consciousness
in the depth of the "no-more-feeleble."

En todo momento
deseo recordar
que Tu estás aqui,
quiero sentirte cerca de mi
y no permito que la rutina diaria
me aleje de la profundidad de tu ser.

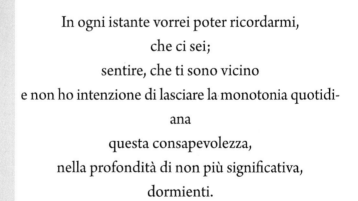

In ogni istante vorrei poter ricordarmi,
che ci sei;
sentire, che ti sono vicino
e non ho intenzione di lasciare la monotonia quotidi-
ana
questa consapevolezza,
nella profondità di non più significativa,
dormienti.

A chaque instant de ma vie je voudrais me rappeller,
que tu y es,
sentir, que je suis à tes cotés
et je n'ai pas l'intention d'abandonner à la monotonie
du quotidien
le conscience de l'amour
que j'ai pour toi.

W każdym momencie chcę być świadoma tego,
że Ty tutaj jesteś;
czuję, że jestem blisko Ciebie
i nie dopuszczę,
aby codzienność, choć na chwilę,
pozwoliła mi o tym zapomnieć.

Du hast mich gelehrt, dass Du die Liebe bist,
die keine Grenzen kennende
und auf der ganzen Welt
nur eine Sprache sprechende,
allmächtige Liebe.

You taught me that you are the love
that always knows no borders,
the omnipotent love
that speaks only one language
all over the world.

Tu me haz enseñado
que Tu eres el amor,
el amor que no tiene límites
y que en todo el mundo
se habla el mismo idioma.

Tu mi hai insegnato che sei l'amore,
che non conosce frontiere
e che in tutto il mondo
solo parlino una lingua,
onnipotente amore.

Tu m'as enseigné que tu es l'Amour,
qui n'a point de limite,
et partout dans le monde une seule chose est parlante,
l'immensité de l'amour.

Nauczyłeś mnie, że jesteś miłością,
która nie zna żadnych granic
i która na całym świecie
mówi jednym językiem,
wszechmogąca miłość.

Ich liebe Dich,
bis in die kleinste Faser meines Herzens,
mit der ganzen Weite meines Geistes,
bis auf den tiefsten Grund meiner Seele
und mit all meiner ganzen Kraft.

Und Du antwortest: „...und noch viel mehr."

I love you,
with every fibre of my heart,
with the whole length of my spirit,
to the deepest ground of my soul,
and with all my strength.

And you answer: "...and much more."

Yo te amo
hasta con la fibra más pequeña que hay en mi corazón,
con lo más immenso de mi espíritu,
con lo más profundo de mi alma y,
con todas mis fuerzas.

Y tu contestas: "…y mucho mas."

Ti amo,
fino alla più piccolo fibra del mio cuore,
con tutto lo spessore della mia mente,
fino a terra più profondo della mia anima
e con tutte le mie forze.

E tu rispondi: "…ed ancora di più."

Je t'aime,
jusqu'aux plus petites fibres de mon cœur,
avec toute l'ardeur de mon esprit,
jusqu'au plus profond de mon âme,
et de toutes mes forces.

Et tu réponds: "....et encore beaucoup plus."

Kocham Cię,
z wielką siłą,
każdą najmniejszą cząstką mojego serca i rozumu,
całą potęgą mojego ducha,
aż po głębię mojej duszy.

I Ty odpowiadasz: "...i jeszcze wiecej."

Ich bin nur ein winzig kleines Licht,
nichts sagend und unbedeutend
und mir fällt auf,
dass auch das kleinste Licht
Helligkeit hervorbringt
und auch ein Glühwürmchen
sich in der Dunkelheit
durchsetzt.
Aber ich bin nicht mal ein kleines Licht.
Ich bin nur ein Funke.
Und mir fällt auf,
ohne den Funken gibt es kein Licht,
gibt es kein Feuer.

I am only a tiny light,
meaningless and insignificant and I notice,
that also the smallest light gives lightness,
and also a glowworm finds
its way in the darkness.
But I am no tiny light.
I am only a spark.
And I notice,
without a spark there is no light, and there is no fire.

Yo solo soy una luz diminuta e insignificante,
pero me he dado cuenta
que esa luz diminuta e insignificante
puede resplandecer.
como una luciérnaga en la oscuridad que se impone;
ni siguiera soy una luz pequeña,
solamente soy una chispa
y veo que sin la chispa no hay luz ni hay fuego.

Io sono solo una piccolissima luce,
loquace e insignificante ed io mi accorgo,
che la più piccola luce, la luminosità produrre,
ed anche una lucciola nel buio si afferma.
Ma io non sono neanche una piccola luce.
Io sono un ricciolo.
Ed io mi accorgo,
senza questo briciolo non esiste luce,
non esiste fuoco.

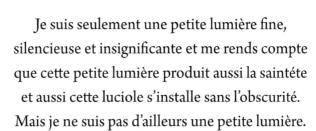

Je suis seulement une petite lumière fine,
silencieuse et insignifiante et me rends compte
que cette petite lumière produit aussi la saintéte
et aussi cette luciole s'installe sans l'obscurité.
Mais je ne suis pas d'ailleurs une petite lumière.
Je ne suis qu'une étincelle.
Et je m'apercevais que

sans cette étincelle il n'y a pas de lumière,
il n'y a pas de feu.

Jestem tylko maleńkim światłem,
nie mającym nic do powiedzenia, nieznaczącym,
jednak najmniejsze światło przynosi Jasność
i nawet robaczek świętojański jest widoczny nocą.
Ale ja, nawet nie jestem małym światłem.
Jestm tylko iskrą.
Myślę jednak,
że bez iskry nie ma światła, nie ma ognia.

❦

Durch Deine Wunder, die Du vollbringst,
wird auch das Aussichtsloseste,
mit einer Leichtigkeit
zur Wirklichkeit.

The miracles you perform
will make real
with ease
what is utterly hopeless.

Através de los milagros que Tú realizas
hasta lo más desesperanzado
se convierte facilmente en una realidad.

Con I tuoi miracoli, che tu realizzi,
diventa anche il più vano,
con una leggerezza
in realtà.

A travers les miracles que tu opéreras,
le désespoir se transformera
progressivement aussi en réalité.

Przez Twoje cuda, które czyniłeś,
nawet to, co niemożliwe
z łatwością
stanie się rzeczywistością.

Du bist –
das Wasser, das mir den Durst nimmt,
die Nahrung, die mich sättigt,
die Luft, die mich atmet
und der Geist in mir,
der meine Ideen sprudeln lässt,
die Seele die eintaucht
in alles, was ist.
Ich spüre Dein Sein
Und somit mein Ich.

You are –
the water which quenches my thirst,
the food which stills my hunger,
the air, which breathes me,
and the spirit in me,
which lets my ideas flow,
the soul delving

into everything that exists.
I feel that you are here,
And so I feel my self.

Tu eres –
el agua que colma mi sed,
el alimento que me llena,
el aire que respiro,
el espíritu en mi,
el que hace surgir mis ideas,
el alma que profundiza en todo mi ser,
siento tu ser en mi.

Tu sei –
l'acqua,
che assorbe la mia sete,
il mio cibo, che mi soddisfa,

l'aria, che mi respira,
e lo spirito in me,
che fa bollire le mie idee,
l'anima è immensa
in tutto ciò, che è.
Io sento il tu Essere
E così suppongo Me.

Tu es –
l'eau qui dissipe ma soif,
la nourriture qui me rassasie,
l'air qui me fait respirer
et l'esprit en moi,
qui fait éclore mes idées,
l'âme qui se change en tout ce qui existe.
Je sens ton être,
comme moi-même.

Ty jesteś –
wodą, która gasi moje pragnienie,
posiłkiem, który mnie syci,
powietrzem, którym oddycham
i duchem we mnie,
który realizuje moje pomysły,
- duszą, która wchłania
wszystko, co jest.
Doznaję Twojego istnienia
a wraz tym mój byt.

Mein Herz ist erfüllt mit Liebe,
mein Herz ist erfüllt mit Dir.
Du wohnst in meinem Herzen
und Nichts und Niemand
kann Dir dort etwas anhaben.
Einen sichereren Platz als mein Herz gibt es nicht.
Ich bewahre Dich, so gut ich nur kann,
vor allem Bösen, allem Groll
und danke Dir, dass ich unter Deinem Schutz,
unter dem Schutz des Höchsten stehe:

„Denn er befiehlt seinen Engeln,
dich zu behüten auf all deinen Wegen.
Sie tragen Dich auf ihren Händen,
damit dein Fuß nicht an einen Stein stößt …"

Psalm 91

My heart is filled with love,
my heart is filled with you.
You live in my heart,
And nothing and no one
can hurt you there.
There is no safer place than my heart.
I do my best to protect you against all evil,
all resentment,
and I thank you for being under your protection,
the protection of the highest:
"For he shall give his angels charge over thee,
to keep thee in all thy ways.
They shall bear thee up in their hands,
lest thou dash thy foot against a stone …"

Psalm 91

Mi corazón está rebosando de amor,
mi corazón está colmado de Ti,
habitas en mi corazón y,
nada ni nadie puede impedir que en mi
corazón te acoja completamente, protegiéndote
de todo daño.
Gracias por estar bajo tu protección,
bajo la protección del Altísimo:

"Ha dado a sus ángeles la órden de protegerte
en todos tus caminos;
en sus manos te habían de sostener
para que tu pié no tropiece en ninguna piedra ..."

Salmo 91

Il mio cuore è pieno d'amore,
mio cuore è pieno di Te.
Tu vivi nel mio cuore
e niente e nessuno
potrà nuocerti.
Non esiste un luogo più sicuro, quanto il mio cuore.
Continuo come meglio posso,
di lasciarti lontano, da ogni male,
tutti i rancori e ti ringrazio
di essere sotto la tua protezione,
sotto la protezione dell'Altissimo:

"Perché lui ordinò ai suoi angeli,
di custodirti in tutti i tuoi passi.
Ti portano sule sue mani, in modo che,
il tuo piede non urta und pietra ..."

Salmo 91

Mon Cœur est plein d'amour,
mon cœur est rempli de toi.
Tu habites dans mon Cœur
et rien ou personne
ne peut t'y arracher quelque chose.
Une place aussi sûre que mon Cœur n'existe point.
Je te protégé, aussi bien que je ne peux,
contre tout danger, tout ressentiment
et grâce à toi, que je suis sous ta protection, sous le
soutien du Plus Haut:

"Parce qu'il ordonne ses anges
de te protéger sur tout ton chemin.
Ils te portent dans leurs bras,
afin que ton pied ne trébuche pas contre une pierre ..."

Psaume 91

Moje serce jest pełne miłości,
moje serce jest pełne Ciebie.
Ty mieszkasz w moim sercu,
w którym nikt i nic
nie może Ci zaszkodzić.
Nigdzie nie ma bezpieczniejszego miejsca, jak moje
serce.
Ochronię Cię przed wszystkim złem,
i dziękuję Ci, że jestem pod Twoją opieką,
pod opieką Najpotężniejszego:

« Bo swoim aniołom dał rozkaz o tobie,
aby cię strzegli na wszystkich twych drogach.
Na rękach będą cię nosili,
abyś nie uraził swojej stopy o kamień ... »

Psalm 91

Du,
das Höchste, wonach man streben kann,
das höchste Gefühl von Glück.
Du,
der Inbegriff der Liebe, Glückseligkeit
die uns jubeln lässt.
Und wir wachen und beten und alle Engelschöre
stimmen mit ein.
Du,
unser Vater, unser Heiland und unser Retter.
Du unser aller sein.

The highest someone ever could pursuit,
is you,
the upmost feeling because of bliss,
is you.
Love and bliss making us jubilate,
is you.

We stay awake and we pray, and all choires of angels
are starting to sing.
Our father and our savior,
is you.

Tu eres lo más grande que uno puede anhelar
y el sentimiento más grande de felicidad.
Contigo podemos comprender
la felicidad del amor que nos regocija
y nosotros vigilamos y te alabamos
y se unen todos los coros celestiales.
Tu,
nuestro Padre, nuestro Redentor y Salvador,
nuestro todo.

Tu
Il maggiore, di cui si possa ambire,
il maggiore sentimento di fortuna.
Tu,
il compendio dell'amore, della beatitudine che ci
lascia giubilare.
E noi risvegliamo e preghiamo a tutte le angeliche
voci assieme.
Tu,
nostro padre, il nostro redentore e salvatore.
Tu il nostro di tutti essere.

Toi,
le Très-Haut à qui l'on aspire
le plus grand sentiment du bonheur.
Toi,
l'incarnation de l'amour, la béatitude qui nous réjouis,

et nous veillons en prière et tous les anges avec nous,
Toi,
notre père, notre sauveur et notre rédempteur.
Toi notre-va- tout.

Ty,
Najwyższy, do którego chce się dążyć,
największe uczucie szczęścia.
Ty,
kwintesencjo miłości, szczęścia, które nas raduje.
Czuwamy i modlimy się, a zastępy aniołów nam
wtórują.
Ty,
nasz Ojcze, nasz Zbawicielu, nasz Wybawco.
Jesteś wszystkim.

Bitte lieber Gott:
Sende Deinen Heiligen Geist auf mich herab
und in mich hinein
und erfülle mein Herz mit Liebe,
erfülle mein Herz mit Dir.

Please my God:
Send your Holy Ghost down on me,
and into myself,
and fill my heart with love,
fill my heart with you.

Te pido querido Dios:
envía tu Éspiritu Santo sobre mi,
para que en mi more,
llenando mi corazón de amor,
colmándome de tu presencia.

Ti prego caro Dio:
Invia il tuo Santo Spirito su di me
e dentro di me
e riempi il mio cuore con amore,
riempi il mio cuore di te.

Pitié Seigneur:
Envoie ton Esprit sur moi et au-dedans de moi
et remplis mon Cœur d'amour,
remplis mon Cœur de ta présence.

Proszę Cię Kochany Boże:
Ześlij Twojego Ducha Świętego na mnie
i we mnie
i napełnij moje serce miłością,
i napełnij moje serce Tobą.

Du schenkst uns soviel Kraft,
und aus
unserer Traurigkeit wird Frohsinn,
aus unserer Hoffnungslosigkeit
Zuversicht.
Und auf dem Weg der Enttäuschung,
kommt uns die Perspektive entgegen.
Und aus den Tränen des Leids
werden
Tränen der Liebe.

You give us so much strength,
and our sadness turns to happiness,
our hopeless turns to
confidence.
And on the way of disappointment
we encounter new perspectives.

And tears of sorrow
turn into tears of love.

Tu nos das tanta Fortaleza
y conviertes nuestras tristezas en gozo,
nuestra desesperanza en confianza y
en el camino de la decepción,
encontramos nuevas perspectivas,
y las lágrimas de dolor,
se convierten en lágrimas de amor.

Tu ci dai tanta forza,
e dalla
nostra tristezza verrà allegria,
dalla nostra disperazione,

fiducia.
E sul cammino dalla delusione,
ci viene incontro la prospettiva.
E dalla lacrime di dolore
verranno
lacrime d'amore.

Tu nous donnes tant de forces,
de notre tristesse naîtra l'allégresse,
de notre désespoir naîtra l'espoir
Eet sur la chemin de la déception
nous aurons de nouvelles perspectives.
Les pleurs de la souffrance se transforment
en larmes d'amour.

Ty dajesz nam tyle siły, by
z naszego smutku czerpać radość,
z naszej rozpaczliwości
rodzić zaufanie.
A w drodze rozczarowania
przyjdzie perspektywa działania.
Natomiast łzy naszego cierpienia
staną się
łzami miłości.

Du bist die Quelle meines Herzens,
der Ursprung meines Geistes,
die Erleuchtung meiner Seele,
die Kraft meines Handelns.
Du bist die Liebe meines Lebens.

You are the source of my heart,
the origin of my spirit,
the illumination of my soul,
the strength in everything I do.
You are the love of my life.

Tu eres el origen de mi corazòn,
el principio de mi espiritu,
la iuminaciòn de mi alma,
la fuerza de mis actividades.
Tu eres el amor de mi vida.

Tu sei l'origine del mio cuore,
la fonte della mia mente,
l'illuminazione della mia anima,
la forza della mia azione.
Tu sei l'amore della mia vita.

Tu es la source de mon Cœur,
l'origine de mon esprit,
la lumière de mon âme,
la force de mes actions.
Tu es l'amour de ma vie.

Ty jesteś źródłem mojego serca,
początkiem mojego ducha,
światłem mojej duszy,
siłą mojej pracy.
Ty jesteś miłością mojego życia.

Als ich dachte, ich wäre niemand, verstand ich etwas.

Und ich betete:
Du bist mein lieber, großer, guter, gütiger,
barmherziger,
allmächtiger, einzig wahrer Vater,
und ich bin Deine Tochter.

Und
Jesus Christus,
Dein eingeborener Sohn,
unser Herr,
ist mein lieber Bruder
und ich bin seine Schwester.

When I thought, I was nobody, I understood.

And I prayed:
You are my dear, great, good, kind, compassionate,

omnipotent, my one and only father,
and I am your daughter.

And
Jesus Christ,
your native son,
our Lord,
is my loving brother,
and I am his sister.

Cuando pensé que yo no era nadie,
yo recé:

Tu eres mi amado, bueno, bondadoso, misericordioso,
todopoderoso, único y verdadero Padre
y yo soy tu hija

y
Jesuscristo tu hijo concebido,
Nuestro Senor que es mi hermano amado y,
yo su hermana.

Quando pensavo, che io non fossi nessuno,
io capii qualcosa.

Ed io pregavo:
Tu sei il mio amato, grande, buono, benigno,
misericordioso,
onnipotente, l'unico vero padre,
ed io sono tua figlia.

E
Gesù Cristo,
tuo unico figlio,
nostro Signore,
è il mio fratello,
e io sono sua sorella.

Quand je pensais que je n'étais rien, je comprenais
quelque chose.

E je priais ainsi:
Tu es mon seul vrai père, qui soit gentille, grand, bon,
doux, pitoyable et tout puissant,
et moi je suis ta fille.

E
Jésus Christ,
Ton unique fils,
notre Seigneur,
est mon frère bien-aimé
et je suis sa sœur.

Jak rozmyślałam, że nikim nie jestem,
wtedy modląc się,

zrozumiałam:
Ty jesteś moim Kochanym, Wielkim, Dobrym,
Dobrotliwym, Miłosiernym,
Wszechmogącym, jedyny Prawdziwym Ojcem,
a ja jestem Twoją córką.

I
Jezus Chrystus,
Twój Jednorodzony Syn,
Nasz Pan,
jest moim kochanym bratem.

Wenn ich mich auf Dich konzentriere,
mich zu Dir hindenke,
mich auf Dich besinne
und zu Dir hin spüre,
bin ich größer als jemals zuvor,
bin ich stärker und hoffnungsvoller denn je.
Ich danke Dir für die Kraft, die du mir schenkst,
für die Hoffnung, die Du mir gibst und
die Freude, die Du vollbringst.

When I concentrate on you,
and when I think myself to you,
when I bethink myself to you,
and when my feelings are with you,
I am bigger than ever,
I am stronger, and full of hope more than ever.
I thank you for the strength you endowed to me,

for the hope you give to me, and
the joy you accomplished.

Cuando me concentro en Ti,
cuando te pienso,
cuando sobre Ti reflexiono y te siento,
soy más grande que antes,
soy más fuerte y lleno de esperanza.
Gracias por la fuerza
y la esperanza que me otorgas,
por la alegría que me produces.

Quando io mo concentro a Te,
io mi penso da Te,
prendo i sensi du di Te

e mi sento in Te –
sono più grande di quando mai,
sono più forte e speranzosa come mai prima.
Io ti ringrazio per la forza, che mi regali,
per la speranza, che mi dai e
per la gioia, che tu compi.

Quand je me concentre sur toi,
et me penche sur toi
quand je me souviens de toi
et je me sens près de toi-
je suis plus fort qu'avant,
je suis plus confiant que tout.
Je te remercie pour cette force que tu me donnes,
pour l'espérance que tu me donnes
Et pour la joie dont tu me remplis.

Kiedy się na Tobie koncentruję,
kiedy w Ciebie wnikam,
Kiedy Ciebie wspominam
Kiedy Ciebie odczuwam-
Czuję się ważniejsza niż kiedykolwiek przedtem,
jestem silniejsza i pełna nadziei.
Dziękuję Ci za siłę, którą mnie obdażasrz
za nadzieję, którą mi dajesz
i za radość, którą niesiesz.

Ich spüre Dich in meinem
Geist
und ich kann hineintauchen zu Dir
ganz nah.

I feel you in my
spirit,
and I can delve into you,
very close.

Te siento en mi
espíritu
y puedo entrar en Tí
profundamente.

Ti sento presente nel mio
Spirito
e posso tuffarmi in te
molto vicino.

Je te sens dans mon
Esprit
et je peux être intimement
tout prèt de toi.

Doznaję Cię w moim
Duchu,
mogę do Ciebie zbliżyć się
bardzo blisko.

Dein ist der Himmel,
den ich erahne.
Dein ist die Erde,
in all Ihren Farben.
Dein ist die Luft,
mit ihrem „Atemspendenden Duft".
Und so wie ich Dein,
so bist Du mein,
und so wie ich in Dir,
bist Du in mir.

Heaven is yours,
from which I get an idea of,
the earth is yours,
in all its colours.
The air is yours,
with its "breath-giving scent".

And as I am yours,
so you are mine,
and the way I am in you,
you are in me.

Tuyo es el Cielo
que vislumbra en mí,
tuya es la tierra
en todos sus colores.
Tuyo es el viento
que trae el perfume que respiro.
Y así como Tú eres mío,
yo soy tuya.
y así como estoy en Tí
Tu estas en mí.

Tuo è il cielo,
cui io intuissco.
Tua è la terra,
in tutti i suoi colori.
Tua è l'aria,
con il suo "profumo da mozzafiato".
E come io sono la Tua,
così Tu sei mio,
e come io sono in Te,
così Tu sei in me.

A toi est le ciel,
que je dévine,
a toi la terre,
dans toutes ses couleurs.
A toi l'air,
avec son parfum luxuriant.

Et comme je suis la tienne,
Toi aussi le mien.
Et comme moi en toi,
Toi aussi en moi.

Twoje jest niebo,
które jest nad nami.
Twoja jest ziemia,
we wszystkich swych kolorach.
Twoje jest powietrze,
ze wszystkimi zapachami.
I tak jak ja jestem Twoją,
tak Ty jesteś moim,
i tak jak ja jestem w Tobie,
tak Ty jesteś we mnie.

❀

Lieber Gott!

Bitte komm und hilf uns in unserer Not,
reich uns Deine Hand.

Wir werden sie voll Dankbarkeit ergreifen.

Hilf uns wieder auf die Füße, wenn wir gestürzt,

verschaffe uns Atem, wenn wir zu ersticken drohen.

Sende uns festen Boden, wenn die Wellen über uns
zusammen schlagen.

Vertreibe unsere Feinde und bitte stärke unseren
Glauben.

Sei unsere Augen und unsere Ohren,

dass wir das Gute sehen und hören und

lenke unsere Taten, dass wir das Gute tun und das
Böse unterlassen.

Lass Barmherzigkeit in uns wachsen und schenke uns
Nachsicht und Verständnis,

Klein und Groß gegenüber.

Merze den Neid, den Ärger und die Rechthaberei aus.

Lass uns erkennen was es wirklich bedeutet,
Liebe zu leben.

Umkreise uns mit Deinem Wohlwollen.

Schenke uns Deine Liebe. – Wir schenken uns Dir!

Dear Lord!
Please come to us, be our saviour,
and please give us your hand.
We will take it gratefully.
Help us to stand up, when we fall down,
give us breath, when we are drowning.
Give us hope when we are hopeless.
Send our enemies away, and strengthen our religion.
Let us see and hear things through your eyes and
your ears, so that we can find out what is good,
and please be with us when we do things, in order to
do good and not bad things.
Let the charity grow in us, and give us lenity,
and understanding for the small ones and the big
ones.
Let jealousy, anger and envy disappear.
Let us see what it really means to
live the love.
Circle us with your kindness.
Give us your love.
We give ourselves into your hands!

Amado Dios

Por favor, ven y ayúdanos en nuestras necesidades,
por favor, extiéndenos tu mano y
estaremos muy agradecidas de alcanzarla.
Ayúdanos en cada tropiezo,
danos nueva respiración
cuando la asfixia nos amenáce.
Danos un piso seguro cuando las olas nos golpehen.
Destierra nuestro enemigo y refuérzanos nuestra
confianza.
Sé nuestros ojos y nuestros ohídos que podamos ver y
escuchar lo bueno,
guía nuestros áctos,
que podamos hacer lo bueno dejando lo malo.
Permíte que crezca en nosotros la misericordia
y regálanos tolerancia y compresión para poder dar a
los demás.
Quita la envidia, el odio, el enojo y el orgullo.
Déjanos conocer el verdadero significado del amor.
Llénanos con tu buena voluntad
y regálanos tu amor.
Nosotros nos entregamos a Ti.

Caro Dio!

Ti prego vieni ed aiutaci nel bisogno,
donaci la Tua mano.

La accogliamo pieno di gratitudine.

Rimettici sui nostri piedi, se noi cadiamo,
procacciaci con aria, se noi rischiamo di affocare.

Porgici una base solida, quando le onde su di noi
battono.

Respingi i nostri nemici e rinforza la nostra fede.

Sii i nostri occhi e le nostre orecchie, così noi possia-
mo vedere e sentire bene e

dirigi le nostre gesta, così noi possiamo dare del bene
ed omettici di fare del cattivo.

Lascia la misericordia in noi crescere e riempici
con l'indulgenza e compressione e
piccoli di fronti.

Disinfesta l'invidia, il dispetto e la prepotenza.

Lascia riconoscere cosa significa vivere l'amore.

Circondaci con il Tuo favore,
regalaci il Tuo amore.

Noi ti regaliamo noi!

Dieu bien-aimé!
Viens nous aider dans notre misère,
pardon, tends nous tes mains.
Nous les serrons avec beaucoup de reconnaissance.
Fais-nous tenir debout, quand nous tombons,
procure nous la respiration quand nous sommes
étouffés.
Mets-nous sur une terre sèche et ferme quand tout
chamboule.
Sois nos yeux et nos oreilles afin que
nous apercevions le bien
et nous y dirigions nos actions et que nous délaissi-
ons le mal.
Fais grandir en nous ta miséricorde et accorde nous
l'indulgence
et ta tendresse aussi bien envers les plus petits que
les plus grands.
Supprime la jalousie la colère et toute volonté d'avoir
toujours raison.
Donne-nous de comprendre ce que signifie
vivre l'amour.

Couvre-nous de ta bienveillance.
Offre-nous ton amour.
Et nous nous offrirons à toi!

Kochany Boże!
Proszę przyjdź i pomóż nam w potrzebie,
podaj nam, proszę, Twoją Dłoń.
Przyjmiemy ją pełni wdzięczności.
Pomóż nam podnieść się z upadku,
w słabości dodaj sił.
Bądź nam stałym lądem na burzliwych falach życia.
Odsuń naszych nieprzyjaciół i proszę, wzmocnij
naszą wiarę.
Bądź naszymi oczami i naszymi uszami, abyśmy do-
bro widzieli i słyszeli.
Pomóż oddzielić nam dobro od zła.
Niech wzrasta w nas miłosierdzie i podaruj nam
wyrozumiałość dla małych i dużych spraw.
Wytęp zazdrość, złość i upór.
Pozwól nam rozpoznać, co naprawdę znaczy

żyć miłością.
Otocz nas swoją przychylnością.
Podaruj nam swoją miłość.
My oddajemy się Tobie!

Ich dulde nichts und niemanden neben Dir,
außer Jesus Christus,
Deinen eingeborenen Sohn,
unseren Herrn und
Deinen Heiligen Geist.
Bitte sende Deinen Heiligen Geist
auf mich herab und in mich hinein
und erfülle mein Herz mit Liebe,
erfülle mein Herz mit Dir.

I will allow no one beside you,
but Jesus Christ,
your native son,
our Lord, and
the Holy Ghost.
Please send your Holy Ghost
down on me, and into myself,

and fill my heart with love,
fill my heart with you.

No conciento a nadie ni nada a mi lado
tan solo a Ti Jesús,
Tu, Hijo Concebido, Nuestro Señor y su Espíritu
Santo,
te pido, envía tu Espíritu Santo,
para que more profundamente en mí
y llena mi corazón de amor,
colma mi corazón de Tí.

Non tollerò niente e nessuno accanto a te,
se non Gesù Cristo,
il Tuo unigenito figlio,

nostro Signore e lo Spirito Santo.
Ti prego, mandami il tuo Santo Spirito
su di me ed in me
e riempi il mio cuore con amore,
riempi il mio cuore di te.

Je ne tolère ni rien ni personne à côté de toi,
hormis Jésus Christ,
ton fils unique,
notre Seigneur
et de l'Esprit Saint.
Pitié, envoie ton Esprit Saint sur moi et en moi
et remplis mon Cœur de l'amour,
et remplis mon Cœur de toi.

Ja nie toleruję nikogo i nic obok Ciebie,
oprócz Jezusa Chrystusa,
Twojego Jednorodzonego Syna,
Naszego Pana
i Ducha Świętego.
Proszę ześlij Twojego Ducha Świętego na mnie
i we mnie
i napełnij moje serce miłością,
napełnij moje serce Tobą.

Du weißt die Gedanken die kommen,
bevor ich sie habe;
Du weißt die Antworten auf Fragen,
bevor ich sie stelle;
Du bist allgegenwärtig
und allwissend,
was immer das auch bedeutet:
Allwissend
Nicht begreifend
Faszinierend
Beglückend.

You know the thoughts that arise
before I know them;
You know the answers to questions
before I asked them;
You are omnipresent,

and omniscient,
whatever this means:
Omniscient
Not understanding
Fascinating
Giving happiness.

Tú conoces los pensamientos que vienen a mí,
antes que yo
Tú conoces las respuestas a mis preguntas
antes que yo,
estás siempre, estás presente
y todo lo sabes
Omnisciente
Fascinante
Santo.

Tu conosci I pensieri che vengono,
prima che io le ricevo;
tu conosci le risposte e le domande,
prima che io le faccio;
Tu sei onnipresente e onnisciente
Qualunque cosa significhi:
Onnisciente
Non sapiente
Affascinante
Lusinghiero.

Tu connais mes pensées avant que je ne les conçoive,
Tu connais les réponses à mes questions
avant que je ne les pose,
Tu es omniprésent
et omniséant,
quoi qu'en soit aussi la signification

Omnisciente
Insondable
Fascinante
Merveilleuse.

Ty znasz moje myśli
wcześniej niż ja.
Ty znasz odpowiedzi na pytania
zanim je zadam.
Ty jesteś Wszechobecny
i Wszystkowiedzący;
co też znaczy:
Wszystkowiedzący
Niepojęty
Fascynujący
Uszczęśliwiający.

Ich soll mir nicht vorstellen,
wie Du aussiehst,
aber ich darf Dich mit meinem Herzen sehen.
Ich umarme Deine Güte
und ich lebe Deine Liebe,
und wenn ich wissen möchte was Du denkst,
lasse ich mein Herz sprechen.

I may not imagine
the way you look,
but I am allowed to see you with my heart.
I embrace your kindness,
and I live your love,
and if I want to know what you are thinking of,
I let my heart speak.

96

No me puedo imaginar como Tú eres,
pero yo puedo verte con el corazón,
yo abrazo tu bondad
y vivo tu amor
Cuando quiero saber lo que piensas,
escucho a mi corazón.

Io non mi devo immaginare,
come possa essere il tuo aspetto,
ma io posso vederti con il mio cuore.
Io abbraccio la Tua bontà,
ed io vivo il Tuo amore,
e se io voglio sapere Tu cosa pensi,
lascio parlare il mio cuore.

Je ne dois pas imaginer
comment tu es,
mais plutôt te sentir avec mon cœur.
J'embrasse ta bonté
et je vis de ton amour
et si je voudrais savoir ce que tu penses,
je laisse alors parler mon cœur.

Nie jest mi dane widzieć
jak wyglądasz,
ale wolno mi poznać Cię moim sercem.
Obejmuję Twoją dobroć
i żyję Twoją miłością,
i kiedy chciałabym wiedzieć co myślisz,
słucham mego serca.

Ich liebe Dich in jeder Sekunde eines Augenblicks,
in jeder Minute meines Lebens,
mit der Tiefe und Weite des Unvorstellbaren,
mit der Tiefe und Weite des einzig Wahren,
so wie Du bist,
so wie Du mich sein lässt;
Damit ich im Worte
Dir dienen kann.

I love you in every second of a moment,
in every minute of my life,
with the depth and width of the unbelievable
with the depth and width of the only truth,
the way you are,
the way you let me be;
so that I can be useful for you,
using your words.

Te amo cada segundo de un instante,
en cada minuto de mi vida,
con lo profundo y amplio
de lo inconcebible,
con lo profundo y amplio
de la única verdad, así como Tú eres,
así como me permites ser,
para servirte a Tí con mi palabra.

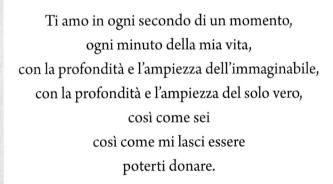

Ti amo in ogni secondo di un momento,
ogni minuto della mia vita,
con la profondità e l'ampiezza dell'immaginabile,
con la profondità e l'ampiezza del solo vero,
così come sei
così come mi lasci essere
poterti donare.

Je t'aime à chaque instant de ma vie,
à chaque minute de mon existence,
avec la profondeur et l'étendue de l'inimaginable,
avec la profondeur et l'étendue de l'inimaginable,
avec la profondeur et l'ampleur de la seule vérité,
comme tu l'es,
Tu veux aussi me laisser l'être ;
Afin que je puisse te servir avec ma voix.

Kocham Cię w każdej sekundzie,
każdej minucie mojego życia,
z głębią i wielkością tego, co niewyobrażalne,
z głębią i wielkością tego jedynego i prawdziwego,
jakim Ty jesteś,
a ja mogę być,
abym słowem swoim
mogła Tobie służyć.

Jakobsweg, 24. 09. 2008

Ich wasche Deine Füße
mit meinen Tränen;
mit meinen Tränen der Ergriffenheit,
mit meinen Tränen der Glückseligkeit,
mit meinen Tränen für die Ewigkeit.

Way of St.Jaimes, 24. 09. 2008

I wash your feet
with my tears;
with my tears of emotion,
with my tears of bliss,
with my tears for ever.

Camino de Jacobo, 24. 09. 2008

Yo lavo tus pies
con mis lágrimas,
con mis lágrimas de emoción,
con mis lágrimas de felicidad,
con mis lágrimas para la eternidad.

Via di San Giacomo, 24. 09. 2008

Io lavo i tuoi piedi
con le mie lacrime;
con le mie lacrime di commozione
con le mie lacrime di felicità,
con le mie lacrime per l'eternità.

Le chemin de Jacques, 24. 09. 2008

Je lave tes pieds
avec mes larmes,
avec les larmes de mes émotions,
avec les larmes de mon Bonheur,
avec les larmes pour l'éternité.

Droga Świętego Jakuba, 24. 09. 2008

Myję Twoje stopy
swoimi łzami:
łzami zachwytu,
łzami szczęśliwości,
łzami wiecznej radości.

Lieber Gott,
ich frage mich manches Mal: Wie wird es sein, wenn
Du kommst,
wenn Du die Schafe von den Böcken scheidest?
Aber vielleicht soll ich mir das gar nicht vorstellen.
Ich werde warten und beten,
hoffen und manchmal auch bangen.
(Mt 25, 33-46)

Dear Lord,
sometimes I wonder: How it would be when you
come, and seperate
the sheep from the goats?
But I may not imagine that.
I will wait and pray,
hope, and sometimes fear.
(Mt 25, 33-46)

Amado Dios,
a veces me pregunto cosas: Como será el dia de tu
venida, cuando separes
las ovejas de los corderos?
Quizá no deba pensar en ésto,
mientras espero te alabaré
"esperar y a veces preocuparse".
(Mateo 25, 33- 46)

Caro Dio,
io mi chiedo qualche volta: Come sarà, quando Tu
vieni,
quando tu le dividi le pecore dai trespoli?
Ma forse io questo non lo devo immaginare.
Io aspetterò e pregherò,
e spererò e delle volte anche temerò.
(Matteo 25, 33-46)

Dieu bienveillant,
je me demande de fois: comment les choses seront
quand tu reviendras,
quand tu sépareras les chèvres des boucs.
Mais peut- être je ne dois pas l'immaginer.
Je dois attendre dans la prière,
espérer et de fois avoir peur.
(Mt 25, 33-46)

Kochany Boże,
zastanawiam się czasem: jak to będzie,
kiedy przyjdziesz,
kiedy owce rozdzielisz od kozłów?
Być może jednak nie powinnam sobie nic wyobrażać.
Będę czekać i modlić się,
będę pełna nadziei, ale też i trwogi.
(Mt 25, 33-46)

Sei in mir und allgegenwärtig,
sei mit mir, jetzt und alle Tage.
Bleibe bei mir,
bei allem, was ich tue und sage.
Handle und wandle in mir,
– Dir zum Gefallen – .

Be in me, and omnipresent,
be with me now, and for all days.
Stay by me,
in everything that I do and say.
Act and stroll in me,
– at your pleasure – .

Permanece en me presente
permanece en mí ahora y cada dia
en todo lo que hago y digo.
Obra en mí transformándome
– para agradarte – .

Sii in me e onnipresente,
sii in me, ora e sempre
resta con me,
in tutto ciò che faccio e dico.
Maneggia e forma in me
– te per favorire – .

Sois en moi et omniprésent,
Sois en moi maintenant et tous les jours.
Reste près de moi,
en tout ce que je fais et je dis.
Agis et transforme-moi
– Selon ton plaisir –.

Bądź we mnie Wszechobecny,
bądź ze mną teraz i we wszystkie dni.
Zostań przy mnie
we wszystkim, co robię i mówię.
Postępuj ze mną i twórz we mnie
– według swego upodobania – .

Wieskirche, 10.04.2009

Tränen sind etwas Wundervolles,
denn sie drücken die Liebe aus,
die ich für Dich empfinde.

Wieskirche, 10.04.2009

Tears are wonderful,
because they express the love,
I feel for you.

Wieskirche, 10.04.2009

Las lágrimas son algo maravilloso
para expresar el amor
que siento por Ti.

Wieskirche, 10.04.2009

Le lacrime sono qualcosa di meraviglioso
perché esprimono l'amore,
che io sento per te.

Wieskirche, 10.04.2009

Les larmes sonst des choses merveilleuses
parce qu'elles expriment l'amour,
que je sens pour toi.

Wieskirche, 10.04.2009

Łzy są czymś wspaniałym,
albowiem one wyrażają miłość,
którą do Ciebie odczuwam.

Und ich betete:

Lieber Jesus,
wie wäre es schön, wenn du jetzt hier
mit in unserer Runde sitzen würdest,
wir Dich sehen und berühren könnten.

Und du antwortest:

Schaut euch an, dann seht ihr mich!

And I praid:

Dear Jesus,
it would be so nice, if you could be with us now,
and if we could see and touch you.

And you answer:

Look at each other, then you will see me!

Y yo le he rogado:

Amado Jesús
como sería de lindo si tu estarías sentado con nostros,
que te pudiéramos ver y tocar

y Tu contestas:

Mírenme ustedes y me ven a mi!

Ed io pregai:

Caro Gesù,
come sarebbe bello, se Tu adesso
fossi nel nostro mezzo,
e noi ti poterti vedere e toccare.

E tu ci rispondi:

Guardatevi, così vedete me!

Et je prie:

Mon bien-aimé Jésus
comme il serait beau
si tu pouvais être actuellement au milieu de nous
si nous pouvions te voir et te toucher.

E tu réponds:

Regardez-vous, et vous me verrez!

Modliłam się:

Kochany Jezu,
jak byłoby pięknie, gdybyś tu był
wśród nas,
moglibyśmy Cię zobaczyć i dotknąć.

A Ty odpowiadasz:

Spójrzcie na siebie nawzajem, a zobaczycie mnie!

Ich schreibe eine Erinnerung an Dich,
lebendig,
wach
und allgegenwärtig.

I write a reminder about you,
alive,
awake,
and omnipresent.

Te escribo un recuerdo,
que vive,

está despierto
y presente.

Scrivo un ricordo per te,
vivo,
sveglio
e onnipresente.

J'écris un souvenir de toi,
vivant,
vif,
et omniprésent.

Piszę do Ciebie jedno wspomnienie,
pełne energii,
świadome
i wszechobecne.

Hier wohne ich,
zu Deinen Füßen
und ich spüre Dich
in jedem Atemzug.

Here I live,
by your feet,
and I feel you
in every breath.

Estoy a tus pies
y te siento
en cada respiro.

Qui vivo io,
ai tuoi piedi
e ti sento
in ogni respiro.

Je vis ici,
à tes pieds,
et je te sens
à chaque respiration.

Mieszkam tutaj
u Twoich stóp
i w każdym oddechu
czuję Ciebie.

Du bist der Herr.
Dir gehört alles Tun,
alles Sein;
Dir gehört alles Bleiben
und alles Werden.

You are the Lord.
All doing is yours,
every being;
everything that is,
and that will be.

Tú eres el Senor.
A tí pertenece toda obra
y todo ser;
Te pertenece todo lo que es ahora
y lo que será.

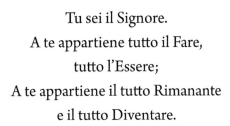

Tu sei il Signore.
A te appartiene tutto il Fare,
tutto l'Essere;
A te appartiene il tutto Rimanante
e il tutto Diventare.

Tu es le Seigneur.
Tout t'appartient, ce qui agite et ce qui est.
Tout t'appartient,
l'être
et l'avenir.

Ty jesteś Panem Naszym.
Do Ciebie należy się każdy uczynek,
każde istnienie;
Do Ciebie należy się całe nasze życie
w każdym jego momencie.

❀

Du hast mich gelehrt, dass
wer sich auf Dich verlässt,
nie verlassen sein wird.
Wer sich auf Dich besinnt,
nie besinnungslos sein wird.
Wer dich achtet,
nie verachtet sein wird.
Wer Dich bei sich aufnimmt,
nie obdachlos sein wird.
Wer Dich ruft,
nie ohne Antwort sein wird.
Wer auf Dich hört,
immer erhört werden wird.
Wer Dich liebt,
immer geliebt werden wird.

You taught me
who trusts in you,
will never be alone.
Who thinks about you,
will never be unconscious.
Who respects you,
will never be despised.
Who gives you shelter,
will never be homeless.
Who calls you,
will never be without answer.
Who listens to you,
will always be heard.
Who loves you,
will always be loved.

Tú me enseñaste,
que quien confía en Tí,
nunca será abandonado.
Quien te tiene presente
no será olvidado.
Quien te honra
no será deshonrado.
Quien te lleva consigo
no será desamado.
Quien te llama
nunca quedará sin respuesta.
Quien te oye
siempre será por Ti ohido,
Quien te ama
siempre será amado.

Tu mi hai erudite, che
che si affida su di te,
non sarà mai abbandonato.
Chi si ricorda di te,
non sarà mai disprezzato.
Chi prende ora di te,
non sarà mai senza tetto.
Chi ti chiama,
non sarà mai senza una risposta.
Chi ti ascolta,
sarà sempre ascoltato.
Chi ti ama,
sarà sempre amato.

Tu m'as appris que
celui qui s'abandonne à toi,
ne sera jamais abandonné,
celui qui se souvient de toi,
ne sera jamais sans connaissance,
celui qui t'honore,
ne sera jamais méprisé.
Celui qui t'accueille chez soi,
ne sera jamais sans abri.
Celui qui t'appelle,
ne sera jamais sans réponse.
Celui qui t'écoute,
sera toujours exaucé.
Celui qui t'aime,
sera toujours aimé.

Ty mnie nauczyłeś, że:
kto się do Ciebie zwróci,
nigdy nie zostanie opuszczony.
Kto się z Tobą opamięta,
nigdy nie zostanie bez pamięci.
Kto Ciebie poważa,
nigdy nie zostanie wzgardzony.
Kto Ciebie przyjmie do siebie,
nigdy nie zostanie bezdomny.
Kto do Ciebie woła,
nigdy nie zostanie bez odpowiedzi.
Kto Ciebie słucha,
zawsze będzie wysłuchany.
Kto Ciebie kocha,
zawsze będzie kochany.

Ich beschütze Dich mit all dem,
was ich bin.
Und ich hoffe, Du bist mit mir
und mit allem, was ich tue.
Und ich hoffe, Du nimmst mich auf
in den Club Deiner Anhänger.
Und ich hoffe, Du wählst mich aus,
Dir zu folgen.
Dir,
Deinen Worten,
Deinen Taten.

I protect you with everything
I am.
And I hope you are with me,
and everything I do.
And I hope you will receive

in the club of your followers.
And I hope you choose me,
to follow you.
You,
your words,
your deeds.

Te protejo con todo lo
que soy,
espero que estés conmigo
y con todo lo que hago
y espero me hagas parte de los Tuyos,
y espero me escojas para seguirte,
seguir tus palabras,
tus obras.

Ti proteggerò nonostante tutto,
di quello che sono.
Ed io spero, che Tu sia con me,
e coon tutto ciò, che io faccio.
Ed io spero, che mi cogli
nel tuo club dei tuoi seguaci.
E spero che, tu mi scegli,
di seguirti.
A te
Le tue parole,
Le tue azioni.

Je te protège avec tout ce que je suis,
et j'espère que tu es avec moi
et avec tout ce que je fais.
Et je crois que tu m'acceptes
dans le Club de tes amis.

E j'espère que tu me choisis
pour te suivre
Toi,
Ta parole,
Tes actes.

Ja ochronię Cię
całą sobą.
Ufam, że jesteś ze mną
we wszystkim, co robię.
Ufam, że przyjmniesz mnie
do grona Swoich naśladowców.
Ufam, że wybierzesz mnie,
by za Tobą podążać,
z Twoimi słowami,
z Twoimi czynami.

Du bist in meinem Traum
und auch in meiner Realität.
Ich brauche Dich zum Denken,
und ich brauche Dich zum Finden.
Ich erahne Dich
und spüre Dich.
Ich weiß Du bist da und befürchte doch fern
und ich weiß:
Nichts auf dieser Welt ist mir näher!

You are in my dreams,
and you are also my reality.
I need you to think,
and I need you to find.
I sense of you,
an I feel you.
I know you are here, and still I fear you are so far
and I know:
Nothing in this world is closer to me!

Estás en mis sueños
y en mi recides.
Te necesito para pensar,
te necesito para encontrar,
te vislumbro,
te siento,
sé que estás aquí y temo estés lejos
y sé:
No hay nada en este mundo
más cerca de mí!

Tu sei nel mio sogno,
ed anche la mia realtà.
Ho bisogno di te, per poter pensare
ed ho bisogno di te per poter trovare.
Io t'immagino
e ti sento.
So che sei lì, e tempo così lontano
ed io so:
Niente in questo mondo mi è più vicino!

Tu es mon rêve
et aussi ma réalité.
J'ai besoin de toi pour penser,
et j'ai besoin de toi pour découvrir.
J'ai une idée de toi,
et je te sens
et je sais que tu es là
si près si loin de moi.
Et je sais
rien dans ce monde n'est plus proche de moi!

Ty jesteś moim snem
i moją rzeczywistością.
Potrzebuję Cię do rozważań
i potrzebuję Cię do odkryć.
Domyślam się Ciebie
i czuję to.
Ja wiem, że Ty tu jesteś a jednak się obawiam;
ale wiem:
że nic na tym świecie nie jest bliżej mnie
niż TY !

Ich atme mich zu Deinen Füßen
in mir,
bei Dir,
zu Deinen Füßen,
finde ich Frieden.

I breathe myself at your feet
in me,
near you,
at your feet,
I find peace.

Respiro a tus pies,
Tú en mi, y,
yo en Tí,
a tus pies encuentro paz.

Io mi respiro al tuoi piedi
in me,
con te,
ai tuoi piedi,
trovo io pace.

Je respire à tes pieds,
en moi,
auprès de toi,
a tes pieds
Je trouve la paix.

Odetchnę obok stóp Twoich
przy Tobie;
przy stopach Twoich
znajdę spokój.

Der Himmel ist gar nicht so weit weg,
wie manche Menschen meinen.
Du bist der Himmel in mir, und
eingebettet in Dir
genieße ich den Sonnenaufgang.

Heaven is really not so far away,
as some people think.
You are the heaven in me,
and nestled in you
I enjoy the sunrise.

El Cielo no está muy lejos,
como muchas personas piensan,
Tú eres el Cielo en mí,
yo dentro de Tí
disfruto el amanecer.

Il cielo poi, non è così lontano,
come alcuni pensano.
Tu sei il cielo in me, ed
immerso in te
godo l'alba.

Le ciel n'est pas aussi si loin
que les hommes le pensent.
Tu es le ciel en moi et,
tendu sur moi
je me réjouis du.

Niebo wcale nie jest tak daleko,
jak niektórzy ludzie myślą.
Ty jesteś niebem we mnie;
a ja będąc z Tobą
rozkoszuję się wschodem słońca.

❀

Mein lieber Vater,

Du breitest Deine Arme schützend
über mich aus, und ich
fühle mich Dir ganz nah.

„… Weil er an mir hängt,
will ich ihn retten;
ich will ihn schützen,
denn er kennt meinen Namen.
Wenn er mich anruft,
dann will ich ihn erhören.
Ich bin bei ihm in der Not,
befreie ihn und bringe ihn zu Ehren.
Ich sättige ihn mit langem Leben
und lasse ihn schauen mein Heil."

Psalm 91

My dear father,

you embrace me with protection,
and I feel very close.

„... Because he hath set his love upon me,
therefore will I deliver him:
I will set him on high,
because he hath known my name.
He shall call upon me, and I will answer him:
I will be with him in trouble;
I deliver him, and honour him.
With long life will I satisfy him,
and show him my salvation."

Psalm 91

Mi querido Padre,

me abrazas protegiéndome
y te siento muy cerca.

"... porque él depende de mí
lo quiero salvar
lo quiero proteger
porque conoce mi nombre
cuando él me llama
entonces quiero escucharlo
en la dificultad
lo libero y lo honro
lo sacio con larga vida
y permito que vea mi sanación."

Salmo 91

Mio caro padre,

tu apri le braccia protettivo
su di me, ed io
mi sento molto vicino.

"... Perché dipende da me,
io lo vorrei soccorrere,
lo vorrei proteggere,
poiché egli conosce il mio nome.
Quando lui mi chiama,
allora io gli voglio esaudire.
Io sono con lui in momento del bisogno,
lo liberò e gli porto onore.
Lo sazio di lunga vita
e gli lascio vedere la mia salvezza."

Salmo 91

Mon tendre père,

Tu ouvres tes bras protecteurs audessus de moi,
et je me sens tout à fait tout près de toi.

„ … Parce que il dépend de moi,
je veux alors le sauver ;
Je veux le proteger,
ainsi il connaît mon nom.
Quand il me téléphone,
je veux toujors l'écouter.
Je suis dans le besoin en moi-meme,
libére-le et accorde lui les honneurs.
Je le comble de longue vie
et le fais contempler mon salut. „

Psaume 91

Mój Kochany Ojcze,
Ty rozkładasz Swoje ramiona ochronnie
nade mną, czuję wtedy,
jak jestem bardzo blisko Ciebie.

"... Ja go wybawię,
bo przylgnął do Mnie;
osłonię go,
bo uznał Moje imię.
Będzie Mnie wzywał,
a Ja go wysłucham
i będę z nim w utrapieniu,
wyzwolę go i sławą obdarzę.
Nasycę go długim życiem
I ukażę mu Moje zbawienie."

Psalm 91

Die Ausschließlichkeit,
mit der ich Dich liebe,
duldet nichts und niemanden
neben Dir,
außer Jesus Christus, Deinen eingeborenen Sohn,
unseren Herrn und
Deinen Heiligen Geist.

I love you with such a uniqueness,
that I can't tolerate,
anything or anyone,
beside you,
but Jesus Christ, your only son, our Lord and
your Holy Ghost.

Te amo con tanta exclusividad
que este amor no tolera nada
ni nadie a tu lado.
Solo a tu Hijo Jesucristo, Tu hijo Concebido
Nuestro Señor y
tu Espíritu Santo.

L'esclusività
con cui io ti amo
non tollera qualsiasi cosa o persona
accanto a te,
se non Gesù Cristo, tuo figlio,
nostro Signore,
il tuo Santo Spirito.

L'exclusivité avec laquelle je t'aime,
ne tolère rien et personne d'autres
a côté de toi,
sauf Jesus Christ, ton fils unique,
notre Seigneur et
ton Esprit Saint.

Postanowiłam,
że Cię kocham,
nie tolerując nikogo i nic
obok Ciebie
oprócz Jezusa Chrystusa, Twojego Jednorodzonego
Syna,
Naszego Pana i
Twojego Ducha Świętego.

Ich habe manchmal Angst,
die Verbindung zu Dir, und damit Dich, zu verlieren,
bis mir bewusst wird,
dass Du in mir bist
und ich Dich gar nicht verlieren kann.

Bitte lass mich würdig genug sein, dass Du eingehst
unter mein Dach.

Sometimes I am afraid
to lose connection to you and so to lose you,
until I realize,
that you are in me,
and I can't lose you.

Please let me be worthy enough that thou shouldest
enter
under my roof.

A veces tengo miendo de que nuestra relación se
desvanezca,
y perderte,
hasta que veo que estás en mí
y que es imposible perderte.

Permíteme ser lo suficientemente digna
para acogerte bajo mi morada.

A volte ho paura,
la connessione a te, e quindi, di perderti,
finché mi rendo conto,
che tu sei già in me,
e che io non ti posso perdere mai.

Ti prego di farmi essere abbastanza degno di riceverti
sotto il mio tetto.

J'ai peur quelque fois de perdre
le contact avec toi, et par conséquent peur de te perdre,
jusqu'à ce que je me rende compte
que tu es en moi
e que moi je ne peux jamais te perdre.

Pardon, rends-moi assez digne
de te recevoir sous mon toit.

Czasami się obawiam,
że stracę więź między nami, i że wtedy Ciebie utracę,
ale będąc świadoma,
że Ty jesteś we mnie,
wierzę, że Cię nie utracę.

Proszę Cię, abym była tego godna, byś przyszedł do
mnie,
do serca mojego.

159

Bitte, wenn ich jetzt den Tag begehe sei bei mir:

- Bei jedem Schritt den ich tue,
- bei jedem Gedanken den ich fasse,
- bei jedem Wort das ich spreche,
- bei jeder Handlung die ich ausführe.
Sei bei mir:
- Wenn ich die Dinge betrachte,
- wenn ich sie beurteile.
Hilf mir bitte, alles im richtigen Licht zu sehen.
Kläre meinen Blick für das Wesentliche und lass mich
wie Maria und nicht wie Marta sein.

(Lk 10, 38-42)

Please, be with me now when I start the day:

- by every step I take,
- by every thought I make,
- by every word I speak,
- by the things I do.
Be with me:
- when I am looking at things,
- and when I evaluate them.
Please help me to see everything in the right spot.
Clear my eyes to see only the important things,
and let me
be like Maria, and not like Marta.

(Lk 10, 38-40)

Por favor, desde el amanecer ven a mi,

- y acompáñame en cada paso que doy,
  - en cada pensamiento que alcanzo,
    - en cada palabra que digo,
    - en cada actitud que realizo
          Vive en mi:
    - Cuando yo miro las cosas,
  - ayúdame a verles correctamente
        Abreme mis ojos
      y permiteme ser como Maria
        y no como Marta.

(Lucas 10, 38-42)

Ti prego, se adesso precorro la mia giornata, sii con me:

- ad ogni passo che io faccio,
- ad ogni pensiero che io apprendo
- ad ogni parola che io pronuncio,
- ad ogni azione du cui io faccio.

Sii con me:

- quando io punto le cose
- quando io le giudico.

Aiutami ti prego, vedere tutto in luce giusta.
Chiarisci il mio sguardo per il sostanziale e lasciami
essere come Maria e non come Marta.

(Luca 10, 38-40)

Sois avec moi au lever du jour:

- à chaque pas que je fais,
- à chaque pensée que j'ai,
- à chaque parole que je profère
- pendant tout acte que je pose.
Reste avec moi:
- quand je considère les choses
- quand je les juge.
Aide-moi à avoir tout avec une vraie lumière.
Ouvre mes yeux à l'essentiel et fais de moi Marie et
non Marthe.

(Lc 10, 38-42)

Proszę, kiedy przeżywam dzień, bądź przy mnie:

- na każdym kroku,
- w każdej myśli
- w każdym słowie,
- w każdym działaniu.

Bądź przy mnie:
- kiedy się zastanawiam
- kiedy osądzam

Pomóż mi proszę, widzieć wszystko we właściwym
świetle.
Skieruj mój wzrok na rzeczy ważne
I pozwól mi być jak Maria, a nie jak Marta.

(Św. Łukasz 10, 38-42)

Weil Du in mir bist und in meinem Herzen wohnst,
in mir lebst und in mir wirkst,
kann ich in mir Geborgenheit finden,
kann ich in mir Geborgenheit leben,
kann ich mich lieben.
Ich danke Dir für diese Nähe zu Dir,
die ich spüren darf.
Ich danke Dir für den Frieden in mir,
den ich leben darf.

You are in me, and you live in my heart,
you live in me and act in me,
that is the reason why,
I can find security,
and live security in myself.
I thank you for this closeness to you,
I am allowed to feel.

I thank you for the peace in me
I am allowed to live.

Porque Tú estás en mí
y vives en mi corazón,
en mí vives
y en mí actúas,
me puedo sentir acogida,
puedo vivir acogida,
me puedo amar.
Te doy gracias por estar cerca de Tí,
por sentirte,
gracias por la paz
que Tú me haces sentir para vivir.

Perché tu sei in me e tu vivi nel mio cuore,
vivi in me e contribuisci in me,
potrò trovare in me la sicurezza,
potrò vivere in me la sicurezza,
potrò amarmi.
Ti ringrazio per questo vicino a te,
che posso sentire.
Ti ringrazio per la pace in me,
che io posso vivere.

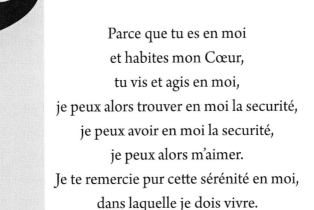

Parce que tu es en moi
et habites mon Cœur,
tu vis et agis en moi,
je peux alors trouver en moi la securité,
je peux avoir en moi la securité,
je peux alors m'aimer.
Je te remercie pur cette sérénité en moi,
dans laquelle je dois vivre.

Ponieważ Ty jesteś we mnie i mieszkasz w moim
sercu,
we mnie żyjesz i we mnie działasz,
mogę znaleźć w sobie bezpieczeństwo,
mogę bezpieczeństwo w sobie odczuwać,
mogę siebie kochać.
Dziękuje Ci za tę bliskość z Tobą,
którą wolno mi odczuwać.
Dziękuje Ci za pokój we mnie,
w którym mogę żyć.

Ich spüre Dich
in meinem Geist
und ich kann
hineintauchen zu Dir
ganz nah.

I feel you
in my spirit,
and I can
delve into you,
very close.

Te siento
en mi espíritu,
y puedo
profundizar en Tí.

Ti sento
nel mio Spirito
ed io posso
tuffarmi a te
vicinissima.

Je te sens
dans mon esprit
et je peux
être intimement lié à toi.

Czuję Cię w mojej duszy
i mogę
zanurzyć sie w Tobie
bardzo blisko.

Du ummantelst mich mit Deiner Barmherzigkeit.
Du berührst mein Herz
mit allem, was Du sagst
und tust,
mit allem, was Du bist.
Bitte erlaube,
dass ich mich zu Deinen Füßen
schlafen lege.

You embrace me with your mercy,
You touch my heart,
with everything you say,
and do,
with everything you are.
Please allow me
to lie down at your feet
and sleep.

Tú me cubres con tu misericordia,
tocas mi corazón
con todo aquello que dices y haces
con todo lo que eres.
Por favor
permite que duerma a tus pies.

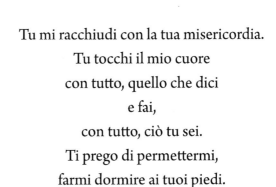

Tu mi racchiudi con la tua misericordia.
Tu tocchi il mio cuore
con tutto, quello che dici
e fai,
con tutto, ciò tu sei.
Ti prego di permettermi,
farmi dormire ai tuoi piedi.

Tu m'environnes de ta miséricorde.
Tu touches mon cœur
avec tout ce que tu dis
et fais,
avec tout ce que tu es.
S'il te plait,
Permets-moi que je m'étende, endormi, sur tes pieds.

Otaczasz mnie swoim miłosierdziem.
Poruszasz moje serce
swoimi słowami
swoimi czynami,
wszystkim czym jesteś.
Proszę pozwól,
abym ułożyła się do snu
u Twych stóp.

Großer Gott,
sich zu Dir hinzudenken, ist das größte Glück.
Dich zu preisen, das höchste Gut.
Dich Vater nennen zu dürfen, die größte Sicherheit.
Du unser Vater, nichts ist stärker als Du.
Jesus Christus, Dein eingeborener Sohn,
unser aller Bruder,
nichts ist vertrauensvoller als er.
Und er hat uns seine Mutter zu unserer Mutter gege-
ben, denn er sagte zu ihr:
„Frau, siehe, dein Sohn! ..." Dann sagte er zu dem
Jünger:
„Siehe, deine Mutter!..." (Joh 19, 26-27).

Dear Lord!
To think myself to you is the most bliss.
To praise you is the upmost.
That I am allowed to call you Lord is the most safety.

Nothing is stronger than you, our Lord.
Jesus Christ, your native son, our brother,
nothing is more faithful than he is.
And he gave us his mother for our mother, because
he told her:
"Look, this is your son!..." Then he told his follower:
"Look, this is your mother!..." (Joh 19, 26-27).

A Dios grande
Cuando te pienso
es una inmensa felicidad,
alabarte es lo más grande
Padre, el invocar tu nombre
me da seguridad.
Padre, nada es tán fuerte como Tú.
Jesucristo tu hijo, nuestro hermano
en quien tenemos plena confianza,
El nos dió su Madre, para que sea nuestra Madre
porque El dijo:
Mujer: he ahi tienes a tu hijo,
hijo he ahi tienes a tu Madre. (Juan 19,26-27).

Grande Dio,

pensarsi da Te, è la più grossa fortuna.
Di benedirti è il patrimonio.
Te nominarti padre, la più grande sicurezza.
Tu nostro padre, niente è più forte di Te.
Gesù cristo, unigenito figlio, il fratello di tutti,
niente è più di fiducia come lui.
E lui ci ha dato Sua madre come nostra madre,
quando disse a lei:
"donna, guarda, tuo figlio!..." Poi disse ai suoi disce-
poli:
"guardate la madre!..." (Giovanni 19, 26-27).

Dieu Tout-puissant,

être capté sur toi est le plus grand bonheur.
Te prier est le plus grand bien.
T'appeler père est la plus grande assurance.
Toi, notre père, rien n'est plus fort que toi.
Jésus Christ, ton fils unique notre frère à tous,
rien n'est plus sûr que lui.
Et il nous a donné sa mère comme notre mère,
en disant:
"Femme, voici ton fils!..." Et il dit au disciple:
"Voici ta mère!..." (Jn 19, 26-27).

Wielki Boże,

zbliżyć się myślą do Ciebie, jest największym
szczęściem.
Wielbić Ciebie, najwyższym dobrem.
Nazywać Cię Ojcem, największą pewnością.
Ojcze nasz, jesteś naszą mocą.
Jezus Chrystus, Twój Syn Jednorodzony, a nasz Brat,
któremu bezgranicznie ufamy
swoją Matkę uczynił naszą Matką, kiedy jej
powiedział:
„Niewiasto, oto syn Twój". Następnie rzekł do ucznia:
„Oto Matka twoja"… (Św. Jan 19,26-27).

Demut
fühlen bedeutet für mich,
zufrieden und glücklich durchs Leben zu gehen
und „Danke" zu sagen.

Humility
means to me,
to walk through life satisfied and happy,
and to say "Thank you".

Sentir humildad
significa para mí,
ir por la vida con satisfacción y alegría
y decir "Gracias".

Umiltà
sentire per me la significa,
soddisfatta e felice passare la vita
e di dire "grazie".

Avoir l'humilité
signifie pour moi,
vivre satisfait et joyeux dans la vie
et dire "merci".

Pokorę
odczuwać, oznacza dla mnie
iść przez życie z radością i szczęściem
i mówić „dziękuję".

Danke,
dass du mir das Gefühl und die Sicherheit
geschenkt hast, dass Du immer für mich da bist.
Dass Du alles für mich ordnest
und ich unbeirrt und ungehindert
meinen Weg gehen kann.

„… Denn er befiehlt seinen Engeln, dich zu behüten
auf all deinen Wegen.
Sie tragen dich auf ihren Händen, damit dein Fuß
nicht an einen Stein stößt …"

Psalm 91

Thank you,
that you gave me the feeling of safety,
that you are always there for me.

That you arrange everything for me
so that I can go my way without doubt
and without hindrance.

"... For he shall give his angels charge over thee,
to keep thee in all thy ways.
They shall bear thee up in their hands,
lest thou dash thy foot against a stone ..."

Psalm 91

Gracias
porque Tú me das el regalo de sentir,
y la seguridad, que siempre estás para mí
que me llevas por el camino correcto
sin perturbación.

"... Pero sus angeles
mandará cerca de ti
que te guarden

en todos tus caminos
en las manos te llevarán
para que tu pie no tropiece
en piedra …"

Salmo 91

Grazie,
che mi hai regalato la sensazione
e la sicurezza, che tu sei sempre con me.
Che tu organizzi tutto per me,
così che io posso imperterrita e senza ostacoli
seguire il mio cammino.

"… perché lui ordinò ai suoi angeli, du custodirti
in tutte le tue vie.
Essi tu portano sulle mani, in modo che il tuo piede
non scontra una pietra …

Salmo 91

Merci,
parce que tu m'as donné ce sentiment et l'assurance,
que tu es toujours là pour moi.
Que tu ordonnes tout pour moi et
si bien que je peux faire mon chemin avec confiance
et assurance.

"… Parce qu'il demande à ses anges de te protéger
sur tout ton chemin.
Ils te portent dans leurs mains, afin que tes pieds
ne trébuchent pas sur une pierre …"

Psaume 91

Dziękuję,
że podarowałeś mi
poczucie i pewność, że zawsze jesteś dla mnie.
Że wszystko dla mnie przygotowujesz
i mogę kroczyć moją drogą
niezłomnie, bez przeszkód.

... bo swoim aniołom dał rozkaz o tobie,
aby cie strzegli na wszystkich twych drogach.
Na rękach będą cię nosili,
abyś nie uraził swej stopy o kamień ...

Psalm 91

Wir preisen Dich und wir beten Dich an!

Wir werfen uns vor Dir nieder und unser Herz
spürt Deine Nähe ganz inniglich.
Und unsere Gedanken umkreisen die Gebete zu Dir.
Unser Gefühl zeigt uns den rechten Weg.
Wir schließen die Augen und die Liebe in uns
reduziert uns auf unser Herz.
In uns ist nur noch Liebe zu Dir, Liebe zu unseren
Nächsten und zu uns selbst.
Und alles Schlechte hat keinen Platz mehr.
Alle Zweifel verschwunden, alle Ängste wie nie
dagewesen.

Und wir preisen Dich und wir beten Dich an!

We praise you, and we pray to you!

We lay ourselves down in front of you, and our hearts
feel that you are with us dearly.
Our thoughts are going around our prayers to you.
Our feelings are showing us the right way.
We close our eyes, and our love reduces us to our
hearts.
We are filled with love to you, love to our next, and to
us.
There is no place for bad things anymore.
All doubts have disappeared, and fear never has been
there.

We praise you and we pray to you!

Te alabamos y te bendecimos!

Nos humillamos delante de Ti
y te sentimos profundamente
dentro de nuestro corazón
y nuestro pensamiento se llena de alabanza
y nuestro sentimiento nos muestra el camino correcto.
Cuando cerramos los ojos
el amor nos envuelve
En nosotros solo queda amor para Ti,
para nuestro prójimo y para nosotros mismos;
no hay lugar para lo malo
y todas las dudas y miedos desaparecen.

Te alabamos y te bendecimos!

Noi ti benediciamo e ti preghiamo!

Noi ci gettiamo in basso a di Te e il nostro cuore
sente il Tuo vicino e sincero.
Ed i nostri pensieri ci inviano la strada giusta.
Chiudiamo gli occhi mentre il Tuo amore ci ridurre
fino al nostro cuore.
In noi c'è solo amore per il nostro prossimo e per noi
stesse.
E tutto il male non ha posto.
Tutti i dubbi scompaiono, tutte le paure come mai
esistite.

E noi ti benediciamo e ti preghiamo!

Nous te prions et nous t'adorons!

Nous nous agenouillons devant toi et notre Cœur
sent profondément ta présence.
Et nos pensées accompagnent nos prières vers toi.
Nos sensations nous indiquent le vrai chemin.
Nous fermons les yeux et l'amour en nous, nous
réduit au cœur.
Seulement en nous il n'y a que l'amour pour toi,
pour le prochain et pour nous-mêmes.
Et tout autre chose mauvaise n'y a plus de place.
Tous les doutes se dissipent, les peurs disparaissent
somme si elles n'avaient jamais existé.

E nous te prions e t'adorons!

Wielbimy Cię i wysławiamy Cię!

Pochylamy się przed Tobą i czujemy
w naszym sercu Twoją bliskość.
Nasze myśli stają się modlitwą do Ciebie.
I czujemy, że jesteśmy na właściwej drodze.
Zamykamy oczy i czujemy miłość w naszym sercu.
Jest w nas tylko miłość do Ciebie, do bliźnich i do nas
samych.
Nie ma miejsca na żadne zło.
Wątpliwości znikają, a strach przemija.

I wielbimy Cię i wysławiamy Cię!

Ich beschütze Dich
mit all dem,
was ich bin.

I protect you
with all
I am.

Te protejo
con todo lo
que soy.

Ti proteggerò
con tutto ciò,
che io sono.

Je te protège
avec tout ce
que je suis.

Chronię Cię
tym wszystkim,
czym jestem.

Der Himmel fühlt sich an
wie eine behagliche, wohlige
Zudecke.
Er ummantelt mich
und gibt mir Schutz und
Geborgenheit.
Ich brauche Dich dringender
als die Luft zum Atmen.

Heaven feels like a
blanket, cosy and pleasant.
It embraces me,
and gives me protection, and
security.
I need you more
than the air I breathe.

El Cielo se siente como
un abrigo que me protege
él me abriga y me dá protección y
acogimiento.
Yo te necesito más
que el aire que respiro.

Il cielo si sente come
un ambiente accogliente, a confortevole
coperta.
Mi racchiude mi dà protezione e
sicurezza.
Ti ho bisogno più urgente
che l'aria che respiro.

Le ciel s'étale
comme une couverture volupté et plaisante.
Il m'embrasse et me donne la protection
et la sécurité.
J'ai plus besoin de toi
que l'air que je respire.

Niebo odczuwa się
jak wygodne, przyjemne
okrycie.
Otacza mnie
i daje mi opiekę
ibezpieczeństwo.
Potrzebuję Cię bardziej
niż powietrza do oddychania.

Um schätzen zu können,
was Du uns geschenkt hast,
müssen wir uns selber
lieben!

In order to appreciate,
what you have given to us,
we must
love ourselves!

Para poder valorar
lo que nos has regalado

debemos
amarnos!

Per stimare il possibile,
quello che ci hai regalato,
bisogna amarsi
se stessi!

Afin d'appécier
ce que tu nous as donné,
nous devons
nous-mêmes nous aimer!

Aby móc docenić,
co nam podarowałeś,
musimy sami
się kochać!

Du bist alles Licht

Erhellst meinen Geist,
erleuchtest meine Seele
und lässt mein Herz erstrahlen.

You are the whole brightness

You light up my spirit,
you illuminate my soul,
and you let my heart shine.

Tu eres la luz

iluminas mi espíritu
y mi alma
y dejas mi corazón radiante.

Tu sei tutta la luce

Allumini il mio spirit,
chiarisci la mia anima
e lascia luminare il mio cuore.

Tu es toute lumière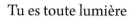

Éclaire mon esprit,
elumine mon âme
et fais briller mon cœur.

Ty jesteś światłem

oświecasz mojego ducha,
rozjaśniasz moją duszę
i opromieniasz moje serce.

Ich halte mich an Deiner Liebe fest,
damit ich nicht verloren gehe!

I hold to your love,
so that I will not get lost!

Me encierro a tu amor
para no perderme!

Mi mantengo al tuo amore.
per non perdermi!

Je m'établis dans ton amour
afin que je ne me perde pas!

Trzymam się mocno Twojej miłości,
abym się nie zagubiła!

… Darum sage ich euch:
Alles, worum ihr betet und bittet – glaubt nur,
dass ihr es schon erhalten habt,
dann wird es euch zuteil …

Markus 11,24

… Therefore I tell you,
whatever you ask in prayer,
believe that you have received it,
and it will be yours …

Markus 11,24

... Por éso les digo:
Todo, por lo que oren y pidan,
crean que yá lo han recibido
entonces se les otorgará ...

Marcos 11,24

... Perciò vi dico:
Che, qualsiasi cosa che voi pregate e chiedete –
credetici pure,
che l'avete già ricevuto,
allora vi sarà assegnato ...

Marco 11,24

... C'est pourquoi je vous dis:
Tout ce que vous demandez dans la prière et vous
recherchez,
croyez,
que vous l'avez dejà recu,
Alors c'est à vous ...

Marc 11,24

... Dlatego powiadam wam:
Wszystko, o co w modlitwie prosicie, stanie się wam,
tylko wierzcie, że otrzymacie ...
Ewangelia według Św.

Marka 11,24

Ich möchte still stehen und ich möchte beten.
Ich möchte mit Dir reden, und ich wünsche mir,
dass Du mir zuhörst.
Ich möchte Dir Fragen stellen.
Ich habe mich manches Mal gefragt, wie Du es
schaffst,
so vielen Menschen gleichzeitig zuzuhören und
warum
es gerade mein Gesagtes sein soll, das zu Dir
durchdringt, dem Du Gehör und Antwort schenkst;
und ich komme zu dem Schluss,
dass dies nur so sein kann, weil Du allgegenwärtig,
überall und in jedem von uns bist,
Du im Himmel wohnst und wir auf der Erde
zu Deinen Füßen.
Und wir alle sollten uns demütig niederwerfen
und Dir für diese Deine Liebe,
Deine Güte und Deine Barmherzigkeit danken.

I want to stand still, and I want to pray.
I want to talk to you, and I wish you would
listen to me.
I want to ask you questions.
Sometimes I wonder how you manage to listen
to so many people at the same time,
and why should it be my words
which penetrate you, why should you listen and
answer,
and I come to the conclusion
that this can only be
because you are omnipresent
everywhere and in
everyone of us because you live in heaven, and we are
here on earth at your feet.
And we should throw ourselves down before
you in humility, and thank you for your love,
your goodness, and your mercy.

Quisiera estar quieta y rezar.
quisiera hablar contigo
y deseo que me escucháras,
quisiera hacerte preguntas;
algunas veces me he preguntado
como logras escuchar a tantas personas a la vez
y porqué son exactamente mis palabras las que llegan
a Ti,
las que escuchas y respondes y,
yo llego a la conclusion
de que sólo es posible porque tu presencia
está en todas partes y en cada uno de nosotros,
vives en el cielo y nosotros en la tierra, a tus pies
y debemos rendirnos humildemente
y agradecerte por tu amor,
bondad y misericordia.

Io vorrei stare ferma e vorrei pregare.
Vorrei parlare con te, e spero che,
tu mi ascolti.
Vorrei farti delle domande.
Qualche volta mi sono chiesta, come tu ci riesci,
ad ascoltare così tante persone contemporaneamente
e perché
dovrebbe essere proprio il mio detto, che penetra
a te, quello che gli dai ascolto e risposta;
ed io vengo alla conclusione,
che questo può essere solo così, perché tu sei onni-
presente,
ed ovunque ed in tutti noi sei,
tu che vivi in cielo e noi che viviamo sulla terra
ai tuoi piedi.
E tutti noi dovremmo umilmente precipitarti
e ringraziarti per questo tuo amore,
la tua bontà e la tua misericordia.

Je voudrais me tenir en silence et prier.
J'aimerais parler avec toi et je désire que
Tu m'écoutes.
Je voudrais te poser des questions.
Je me suis demandée quelque fois comme tu y parviens,
à écouter tous les hommes en même temps et pourquoi
ça doit être mes paroles,
quand je viens à toi,
pourquoi tu oses m'écouter,
pourquoi tu responds à ces questions;
Et j'arrive à la conclusion,
que cela ne peut être qu'ainsi
parce que tu es omniprésent,
Tu es partout et en chacun d'entre nous,
Tu es au ciel et nous sur la terre
à tes pieds.
Et nous tous nous devons nous incliner humblement,
Te rendre grâce pour ton amour,
Ta bonté et ta miséricorde.

Chciałabym w ciszy stać i chciałabym się modlić.

Chciałabym z Tobą rozmawiać i życzyć sobie,
że mnie wysłuchasz.

Chciałabym zadawać Ci pytania.

Zastanawiałam się niekiedy, jak Ci się to udaje,
tak wielu ludzi jednocześnie słuchać i dlaczego
właśnie moje słowo do Ciebie
przenika i dajesz mu posłuch i odpowiedź;
i dochodzę do wniosku,
że to jest możliwe, bo Ty jesteś wszechobecny,
jesteś wszędzie i w każdym z nas.

Ty mieszkasz w niebie a my na ziemi
u Twych stóp.

Wszyscy powinniśmy pochylić się pokornie
i podziękować Ci za Twoją miłość,
Twoje dobro i Twoje miłosierdzie.

Mein Herz ist erfüllt mit Liebe,
mein Herz ist erfüllt mit Dir.
Du wohnst in meinem Herzen
und Nichts und Niemand
kann Dir dort etwas anhaben.
Einen sichereren Platz als mein Herz gibt es nicht.
Ich bewahre Dich, so gut ich nur kann,
vor allem Bösen, allem Groll.

My heart is filled with love,
my heart is filled with you.
You live in my heart,
and nothing and no one
can do anything to hurt you there.
There is no safer place than my heart.
Keep you, as best I can, from all the bad,
all the resentment.

Mi corazón está lleno de amor
mi corazón está lleno de Tí
vives en mi corazón
ahí nada ni nadie puede hacerte daño
no hay un lugar más seguro que mi corazón,
te protejo lo mejor que puedo
del mal y del rencor.

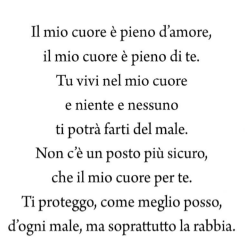

Il mio cuore è pieno d'amore,
il mio cuore è pieno di te.
Tu vivi nel mio cuore
e niente e nessuno
ti potrà farti del male.
Non c'è un posto più sicuro,
che il mio cuore per te.
Ti proteggo, come meglio posso,
d'ogni male, ma soprattutto la rabbia.

Mon Cœur est rempli d'amour,
mon cœur est plein de toi,
Tu habites mon Cœur,
ni rien ni personne ne peut avoir prise sur toi.
Une place aussi sûre que mon Cœur n'existe pas.
Je te protége, aussi bien que je peux,
contre tout le mal
et le Ressentiment.

Moje serce wypełnione jest miłością,
Moje serce wypełnione jest Tobą.
Ty mieszkasz w moim sercu
i nic, i nikt
nie może zrobić Ci tam krzywdy.
Nie ma pewniejszego miejsca od moje serca.
Ochraniam Cię tak dobrze jak tylko potrafię,
przed całym złem, całym gniewem.

Ich wünsche mich Dir,
bei allem was ich tue,
bei allem was ich denke,
so wie ich lebe
ganz nah.

Und
ich verspreche Dir,
Deine Liebe um die Welt zu tragen,
in allen mir möglichen Sprachen und
dazu beizutragen,

sie aufzuschlüsseln,
zu spüren,
zu erleben.

I wish you will be very close to me,
in everything I do,
in everything I think,
in the way I live
very close to you.

And
I promise you,
to carry your love around the world,
in every possible language, and
to contribute

to decode it
to feel it
to experience it.

Deseo que estes muy
cerca de mi
en todo lo que hago
en todo lo que pienso
en como vivo

Y

prometo
llevar su amor por el mundo
en todos los idiomas
posibles contribuyendo
a que tu amor

sea decifrado
sea sentido
y vivido.

Io mi auguro te,
in tutto quello che faccio,
in tutto quello che penso,
così come io vivo
molto vicino.

E
io ti prometto,
di portare il tuo amore per il mondo,
in tutte mie possibili lingue e
di contribuire,

di rilevare,
di sentire,
di viverle.

Je veux t'immiter
en tout ce que je fais
en tout ce que je pense,
aussi dans la façon dont je vis
de très près.

Et

je te promets
d'exprimer ton amour et celui du monde.
d'y contribuer à travers mes talents linguistiques,

de les révéler,
de les sentir,
de les vivre.

Pragnę Ciebie,
we wszystkim co robię,
w każdej myśli
tak jak żyję
bardzo blisko.

Obiecuję Ci,
Twoją miłość nieść przez świat,
we wszystkich znanych mi językach
i przyczyniać się,

do jej wyjaśniania
odczuwania
przeżywania.

Bitte lieber Gott,
streichle meine Seele,
berühre mein Herz,
nähre meine Hoffnung
und stärke meinen Glauben,
stütze meine Zuversicht
und lass mich Zufriedenheit finden.

Please, my God,
caress my soul,
touch my heart,
nourish my hope,
and strengthen my faith,
support my confidence,
and let me find contentment.

Por favor mi Dios,
acaricia mi alma,
toca mi corazón,
alimenta mi esperanza
y fortalece mi fé
sé el sostén de mi confianza
y permíteme encontrar la dicha.

Per favore caro Dio,
accarezza la mia anima,
tocca il mio cuore
nutrisci la mia speranza
e rafforza la mia fede,
sostieni la mia fiducia
e fammi trovare soddisfazione.

Pitié mon Dieu,
Caresse mon âme,
Touche mon Cœur,
Nourris mon espérance
et renforce ma foi,
Soutiens mon espoir
et permets-moi de retrouver la tranquillité.

Proszę, kochany Boże,
dotknij mej duszy,
dotknij mego serca,
nakarm moją nadzieję
i wzmocnij moją wiarę,
wesprzyj moje zaufanie
i pozwól odnaleźć mi zadowolenie.

Ich liebe Dich und alles, was Du tust,
ich liebe Dich und alles, was du bist,
ich liebe Dich und bitte segne mich,
sei bei mir und in mir und immer mit mir.
Begleite mich auf Deinem Weg,
dass ich ihn gehe nach Deinen Gesetzen,
nach Deinem Willen
und mit Deiner Liebe,
in Ehrfurcht und Dankbarkeit,
in Liebe und Barmherzigkeit.

I love you, and everything you do,
I love you, and everything you are,
I love you, and please bless me,
be close to me, and always in me,
and forever with me.
Accompany me on our path

so that I walk it,
according to your laws,
according to your will,
and with your love,
in reverence and gratitude,
in love and mercy.

Te amo a Tí y todo lo que haces,
te amo a Tí y todo lo que eres,
te amo y por favor bendíceme,
permanece conmigo y en mi,
acompáñame en mi camino
caminando en tus leyes,
según tu voluntad
y con tu amor
con respeto y agradecimiento
en amor y misericordia.

Io ti amo e tutto ciò che fai,
io ti amo e tutto ciò che sei,
io ti amo e ti prego benedicimi,
stai con me, e in me e sempre con me.
Unisciti a me per il tuo camminò,
che io andrò con le tue leggi,
secondo la tua volontà;
e con il tuo amore,
in soggezione e gratitudine,
in amore e misericordia.

Je t'aime et aime tout ce que tu fais,
je t'aime et aime tout ce que tu es,
je t'aime et bénis moi, s'il te plait,
sois près de moi et en moi et toujours avec moi.
Accompagne-moi sur ton chemin,
de telle sorte que je marche selon tes lois,

selon ta volonté,

et avec ton amour,

dans la crainte et l'action de grâce,

dans l'amour et la miséricorde.

Kocham Ciebie i wszystko co czynisz,

Kocham Ciebie i wszystko czym jesteś,

Kocham Cię i proszę, pobłogosław mnie,

bądź przy mnie, we mnie, zawsze ze mną.

Bądź ze mną na Twojej drodze,

abym ją przemierzała według Twoich Przykazań,

według Twej Woli

i z Twoją Miłością,

w zachwycie i wdzięczności,

w miłości i miłosierdziu.

Wer dich liebt, kennt, achtet und ehrt,
wird auch immer wieder von Dir überrascht werden.
Der Himmel ummantelt mich mit Deiner Güte und
zeigt mir den Weg.
Mein ganzes Leben steht in Deinen Diensten,
mein ganzes Leben richtet sich nach Dir aus.
Und weil ich mich an Deiner Liebe festhalte,
kann ich nicht verloren gehen.
Ich darf Deinen Himmel berühren,
zu Deinen Füßen wohnen und
ich lade Dich ein,
mein Leben mit mir zu verbringen.

Someone who loves you, knows you, esteems
and honours you,
will always be surprised by you.
Heaven covers me with your kindness, and shows me
the way.

My whole life is at your command,
my whole life is oriented by you.
And because I hold on to your love,
I won't get lost.
I am allowed to touch your heaven,
and to live at your feet,
I invite you,
to spend my life with me.

El que te ama,
conoce la atención y la honra,
será cada vez por Tí sorprendido.
El Cielo me cubre con tu bondad
y me muestra el camino.
Toda mi vida está para tu servicio,
toda mi vida se rige a Tí
poque yo me agarro fuerte en tu amor,
y no me puedo extraviar
Yo puedo tocar tu Cielo,
vivir a tus pies.
Te invito a llevar mi vida.

Chi ti ama, conosce rispetta e onora,
e verrà anche sempre sorpreso da Te.
Il cielo si copre con la Tua bontà e lascia apparire la
strada.
Tutta la mia vita è nel Tuo servizio,
tutta la mia vita si dirige a Te.
E perché io mi mantengo al Tuo amore,
non mi posso perdere mai.
Io posso toccare il Tuo cielo e
T'invito,
di dividere la mia vita con Te.

Qui t'aime, connaît, respecte et adore
sera aussi toujours surprise par toi.
Le ciel me de ta bonté et me montre le chemin.
Ma vie entière s'oriente vers toi.
E parce que je me contente de ton amour

je ne peux pas alors me perdre.
Je dois toucher ton ciel,
et habiter sous ton ombre et
je t'invite
à partager ma vie avec toi.

Kto Ciebie kocha, szanuje i poważa,
będzie przez Ciebie zawsze zaskakiwany.
Niebo otacza mnie Twoją dobrocią i wskazuje drogę.
Całe moje życie służy Tobie,
całe moje życie kieruje się ku Tobie.
Trzymam się mocno Twojej miłości,
dlatego nie zginę.
Pozwalasz mi dotknąć Twojego nieba,
mieszkać u Twych stóp
i zapraszam Cię,
przeżyj moje życie ze mną.

Ich liebe Dich;
und zum Himmel möchte ich es schreien und
um die Erde möchte ich es tragen.
Und genau dies werde ich tun,
und ich wundere mich nicht mehr,
dass ich diese Gewissheit in mir trage,
und ich möchte nicht überheblich klingen,
und ich möchte keine Besserwisserei in mir vermuten.
Ich stelle einfach nur fest, was in mir ist.

I love you;
and I want to scream it to heaven,
and I want to carry it around the world.
And I will do this
and I'm no longer surprised
that I carry this certainty inside myself,
and I don't want to sound arrogant,

and I don't want to feel like a know-all.
I simply state what is in me.

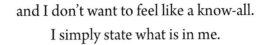

Te amo,
y al Cielo quisiera gritar
y llevarlo alrededor del mundo
y definitivamente lo haré
y no me sorprendo más
de llevar esta seguridad en mi,
y no quisiera sonar arrogante y,
no quisiera suponer que no sabia,
solo me doy cuenta lo que hay en mi.

Ti amo,
e verso il cielo lo vorrei gridare e
per il mondo lo vorrei portare.
E questo è ciò che io farò,

e non mi meraviglio più,
che io porto la certezza in me,
e non vorrei sembrare arrogante,
e non vorrei suggerire atteggiamento di superiorità in me.
Sento solo quello che c'è in me.

Je t'aime;
Et j'aimerais exhalter cela vers le ciel et
le porter autour de la terre.
Et enfin je ferai cela,
et je ne serai pas surprise,
que je porte cette certitude en moi,
et je ne voudrais pas être arrogante,
et je ne voudrais pas me surestimer de tout savoir,
je réalise ce qui est en moi.

Kocham Ciebie;
I chciałabym to wykrzyczeć do Nieba
i przez Ziemię nieść.
i właśnie to będę robić,
i nie zdziwię się więcej,
że niosę tę pewność w sobie,
i nie chciałabym wyniośle brzmieć,
i nie chciałabym podejrzewać w sobie
wszechwiedzącej.
Stwierdzam tylko, co we mnie jest.

Du bist die Luft, die mich atmet,

das Wasser, das meinen Durst stillt,
das Essen, das mir den Hunger nimmt.
Du bist die Hoffnung, die mich nährt und
die Liebe, die mich trägt.
Du bist die Tiefe, die sich auftut,
der Horizont, der sich erstreckt.
Du bist die Wurzel, die mir Halt gibt,
die Sonne, die mich wärmt,
der Samen, der mich wachsen
und die Glückseligkeit, die mich erstrahlen lässt.
Du bist die Barmherzigkeit,
die mich zum Weinen bringt.
Du bist die Liebe, die mich mein Herz spüren lässt,
Du bist das Blaue vom Himmel
und das Gelbe von der Sonne.
Du bist der, der mich am Leben erhält. Du bist das
Wichtigste für mich.
Du lässt mich wachsen, Du lässt mich aufrecht gehen.
Nimm mich an die Hand. Und ich werde Dir dienen,
so gut ich nur kann.

Du bist das Meer, das sich beruhigt
und die Oase, die sich zeigt.
Du bist die Hoffnung, die sich erfüllt
und die Nacht, die sich zum Tage macht,
damit ich schreiben kann,
und statt dass ich in Müdigkeit versinke,
machst du mich wach.
Du bist die Sicherheit in allen Lebenslagen und
der Blick in jede Zukunft.
Du bist der, der mir die Hand reicht,
wenn ich unterzugehen drohe, und der,
der mich fragt:

Mt 14,31-32 „… Du Kleingläubiger, warum hast Du
gezweifelt? …"

Du bist alles und viel mehr als sein kann.

You are the air that breathes me,

the water, which quenches my thirst,
the food, which stills my hunger.
You're the hope which nourishes me,
and the love which carries me.
You are the depth, which opens up,
the horizon, which extends.
You are the root, which supports me,
the sun, which warms me,
the seed, which lets me grow,
and the bliss, which lets me shine.
You are the mercy, which makes me cry.
You are the love, which lets me feel my heart,
you are thee blue of heaven,
and the yellow of the sun.
You are the one, who keeps me alive,
you are the most important to me.
You let me grow, you let me walk upright.
Take me by my hand, and I will be serve you,
as well as I can.

You are the sea, which calms,
and the oasis, which appears.
You are the hope, which comes true,
and the night which turns into day,
so that I can write,
and instead of sinking into tiredness,
you keep me awake.
You are the certainly in any situation,
and the look into every future.
You are the one, who reaches for my hand,
may when I am sinking, and the one, who asks me:

Mt 14, 31-32 "… You are of little faith, why have you
started to doubt?…"

You are everything, and much more than can ever be.

Tú eres el aire que respiro,
el agua que calma mi sed,
el alimiento que sacia mi hambre
Tu eres la esperanza que me abriga
y el amor que me lleva,
Tu eres la profundidad que se descubre,
el horizonte que se extiende,
Tu eres la raíz que me sostiene,
el sol que me abriga,
la semilla que crece en mi,
la dicha que me hace brillar,
Tu eres la misericordia que me llena de lágrimas,
Tu eres el amor que me hace sentir el corazón,
Tu eres el azùl del Cielo,
el amarillo del sol.
Tu eres el que me mantiene viva,
Tu eres lo más importante para mi,
me permites crecer,
Tu eres lo que me hace caminar derecho,
tómame la mano
y te serviré lo mejor que pueda.

Tu eres el mar que se tranquiliza
y el oasis que se muestra.
Tu eres la esperanza que se llena
y la noche que se convierte en dia
para poder escribir y,
en vez de que me hunda en el cansancio,
me levantas.
Tu eres la seguridad en todas las etapas de la vida,
la mirada en cada momento del futuro,
eres aquél que me extiende su mano,
cuando siento que me estoy hundiendo
y el que me pregunta:

Mt 14, 31-32 "... Hombre de poca fé porqué
dudaste? ..."

Eres todo y mucho más de lo que puede ser.

Tu sei l'aria, che mi respira,
l'acqua, che disseta la mia sete,
tu sei la speranza che mi nutre e
l'amore che mi porta.
Tu sei la profondità che si apre,
l'orizzonte che se estende.
Tu sei la radice, che mi dà il sostegno,
il sole che mi riscalda,
il seme che mi fa crescere
e la felicità che mi fa brillare.
Tu sei la misericordia che mi porta alla lacrime,
tu sei l'amore che m fa sentire il mio cuore,
tu sei il blu del cielo
e il giallo del sole.
Tu sei quello che mo ottiene in vita, tu sei la cosa
più importante per me. Tu mi lasci crescere,
tu mi lasci andare eretto
afferrami per mano ed io ti servirò, come meglio
posso.

Tu sei il mare che si calma, e l'oasi che si rivela.
Tu sei la speranza che si comprende
e la notte che si fa giorno,
acciò che possa scrivere
e invece di sprofondare nella stanchezza
tu mi fai sveglio.
Tu sei la sicurezza in tutte le situazioni e
lo sguardo ad ogni futuro.
Tu sei quello che mi offre la mano,
quando mi minaccio di affondare, e quello,
che mi chiede:

Mt, 14, 31-32 "... Tu poco credente, perché hai
dubitato? ..."

Tu sei molto di più di quanto si possa.

Tu es l'air que je respire,
l'eau qui étanche ma soif,
Tu es l'espérance qui me nourrit,
et l'amour qui me porte.
Tu es l'abîme qui s'ouvre,
l'horizon qui se tend,
Tu es la racine, qui me donne le soutien,
le soleil qui me réchauffe,
la sève qui me fait croître,
et la félicité qui me fait briller.
Tu es la miséricorde qui essuie mes larmes.
Tu es l'amour qui me fait sentir mon cœur.
Tu es le bleu du ciel,
et le jaune du soleil,
Tu es ce qui me tient en vie,
Tu es la chose la plus importante pour moi.
Tu me laisses grandir.
Tu me laisses aller droitement.
Prends-moi par la mai net je te servirai,
comme je le peux.

Tu es la mer qui se calme,
et l'oasis qui se relève.
Tu es l'espérance qui se réalise
et la nuit qui devient jour.
Pour que je puisse écrire,
et au lieu de rester dans la nonchalance de la fatigue,
Tu me fais réveiller.
Tu es l'assurance en toutes les situations
et le regard pour le futur.
Tu es celui qui me tend la main,
quand je vais vers les profondeurs, et qui me demande:

Mt 14, 31-32 "… toi, l'homme de peu de foi, pour-
quoi as-tu douté?… "

Tu es tout et beaucoup plus que ce qui est.

Jesteś powietrzem, które mną oddycha,

Wodą, która gasi pragniene,
Pokarmem, który zaspokaja głód.
Jesteś nadzieją, która mnie żywi
i miłością, która mnie niesie.
Jesteś głębią, która się otwiera,
Horyzontem, który się rozszerza.
Jesteś korzeniem, który mnie trzyma
Słońcem, które mnie ogrzewa,
Nasieniem, które mi pozwala rosnąć
Błogością, która we mnie promienieje.
Jesteś miłosierdziem, które mnie do łez
rozczula.
Jesteś miłością, która porusza moje serce,
Jesteś błękitem nieba
i złotem słońca.
Jesteś Tym, który trzyma mnie przy życiu. Jesteś
Najważniejszy dla mnie. Pozwalasz mi rosnąć,
iść prosto przed siebie.
Weź mnie za rękę. I będę Ci służyć,

tak dobrze, jak tylko potrafię.
Jesteś morzem, które się uspokaja
i oazą, która się pokazuje.
Jesteś spełniającą się nadzieją,
i nocą, która zamienia się w dzień,
abym mogła pisać,
i zanim zapadnę w zmęczenie,
budzisz mnie.
Jesteś pewnością w każdej sytuacji
i spojrzeniem w przyszłość.
Jesteś Tym, który podaje mi rękę,
gdy grozi mi zguba, i Tym, który mne pyta:

Mt 14,31-32 "... Czemu zwątpiłeś, małej wiary?..."

Jesteś wszystkim i jeszcze więcej niż może być.

❀

Ich liebe Dich,
und ich erkenne Dich in allen Schönheiten
dieser Erde,
in allen Träumen, die Wirklichkeit werden,
in allen Wünschen, die sich erfüllen,
in allen Gedanken, die mich vorantreiben,
Inspirationen und Leidenschaften,
die Du in mir weckst;
Hoffnung, die Du nährst und
Glauben, den Du schenkst.
In Deiner Liebe finde ich Vertrauen,
in Deiner Liebe schwindet meine Angst.
Du berührst meine Seele und lässt mich
meine Augen öffnen.

Und Du zeigst mir den Weg, den ich gehen soll.

I love you,
and I see you in everything that is beautiful on earth.
In every dream that comes true,
in every wish that is fulfilled.
In every thought, that moves me;
hope, you feed, and
faith, you give.
I find trust in your love,
my fear disappears in your love.
You touch my soul, and you make me open my eyes.

And you show me the way which I should go.

Yo te amo
te veo en toda la belleza de este mundo,
en todo sueño que se hace realidad,
en todo deseo que se llena,

en todo pensamiento que me saca adelante,
en la inspiración y pasión que despiertas en mi,
en la esperanza que llenas
y la fé que regalas.
En tu amor encuentro confianza,
en tu amor se desvanece mi temor,
Tú tocas mi alma
y dejas que abra mis ojos.

Y me enseñas el camino por donde debo ir.

Ti amo,
et ti riconosco in tutte le bellezze di questa terra,
in tutti i sogni che diventano realtà,
in tutti i pensieri che mi portano avanti,
ispirazioni e passioni che tu risvegli in me.
Speranza che tu nutri e il credere che regali.
Nel tuo amore scompare la mia paura.
Tu tocchi la mia anima e mi lasci aprire gli occhi.

E tu mi mostri la strada che io dovessi camminare.

Je t'aime
et je te reconnais dans toutes les beautés de la terre,
dans tous les rêves, qui deviennent réalité,
dans tous les désires qui s'accomplissent.
Dans toutes les pensées, qui me poussent en avant,
l'inspiration et la compassion que tu excites en moi;
espérance, que tu nourris,
la foi que tu donnes,
je trouve la confiance dans ton amour,
dans ton amour se dissipe mon angoisse.
Tu touches mon âme e tu laisses mes yeux s'ouvrir.

E tu me montres la voie, que je dois suivre.

Kocham Ciebie,
i rozpoznaję Cię w całym pięknie tej Ziemi,
we wszystkich marzeniach,
które się urzeczywistniają,
we wszystkich życzeniach, które się spełniają.
We wszystkich myślach, które mnie niosą,
inspiracjach i pasjach, które we mnie
budzisz;
Nadzieja, którą wypełniasz
I wiara, którą darujesz.
W Twojej miłości odnajduję zaufanie,
w Twojej miłości maleje mój starch.
Dotykasz mojej duszy i pozwalasz mi
otworzyć moje oczy.

Ty pokazujesz mi drogę, którą powinnam kroczyć.

❀

Du trägst mich
und ich fühle mich in Deinen Händen geborgen.
Ich schließe die Augen,
fühle den Frieden in mir,
spüre die Nähe zu Dir
und bin zu Hause.

You carry me,
and I feel save in your hands.
I close my eyes,
I feel peace in me,
I feel close to you,
I am at home.

Tu me cargas y yo me siento consentida,
cierro los ojos
y siento tu companía y tu paz,
me siento en casa.

Tu mi porti
ed io mi sento nelle Tue mani al sicuro.
Io chiudi gli occhi,
sento la pace in me,
sento il vicino di Te,
e sono a casa.

Tu me portes
et je me sens dans tes mains.
En fermant les yeux
je sens la paix en moi,
je sens ta présence auprès de toi
et je me sens à la maison.

Niesiesz mnie
i czuję się bezpiecznie w Twoich rękach.
Zamykam oczy,
czuję pokój w sobie,
Twoją bliskość
i jestem w Domu.

✳

Du schenkst mir die Kraft, und die Freude,
jeden Tag weiter zu machen und die Hoffnung,
dass mich die Angst nicht einholt.
Danke, dass Du immer für mich da bist,
ich Dich erreichen kann und Du mich nicht
vertröstest, und ich danke Dir für all das,
was Du bist und für all das, was Du mich sein lässt,
in mir,
bei Dir,
fühle ich mich geborgen.
Ich tauche ein in den Frieden, der Dich umgibt,
und bin zuhause.

You give me the power and joy,
to carry on each day, and the hope,
that fear doesn't reach me.
Thank you, that you are always here for me,
that I can reach you, and that you don't put me off,

ans I thank you for all you are,
for all you let me be,
in me,
with you,
I feel safe.
I delve into the peace, that surrounds you,
and I am at home.

Me regálas la fuerza y la alegría
de cada dia seguir adelante
y la esperánza que el miedo no me alcanzará,
gracias porque siempre estás para mi
y que no me das falsas esperanzas,
te doy gracias por todo lo que eres
y por todo lo que permites que sea en mi,
en ti me siento acogida,
me sumerjo en la paz que me rodea
y estoy en casa.

Tu mi dai la forza e la gioia,
per andare ogni giorno avanti, e la speranza,
che la paura non mi ottiene.
Grazie, che ci sei sempre per me.
Che io sono in grado di raggiungerti e tu non
mi lasci sperare, e ti ringrazio
per tutto quello che tu sei
e per tutto quello, che tu mi lasci essere,
in me,
con te,
mi sento al sicruo.
Mi tuffo nella pace, che ti circonda,
ed io sono a casa.

Tu me donnes la force et la joie,
d'aller toujours en avant, et l'espérance,
de ne pas succomber à la peur.
Merci, parce que tu es là pour moi,
et parce que je peux te joindre et que tu ne me laisses
entendre indéfiniment,
et je te remercie pour tout ce que tu es,
et me permets d'être,
en moi,
chez toi,
je me sens sain net sauf.
Je me laisse immerger par la paix, qui sied à toi,
et je suis à la maison.

Każdego dnia
darujesz mi siłę i radość,
do dalszej pracy i nadzieję,
że mnie starch nie dogoni.
Dziękuję, że zawsze jesteś dla mnie,
mogę Cię dosięgnąć i Ty mnie nie odrzucisz
i dziękuję Ci za to wszystko,
czym Ty jesteś i za to wszystko czym pozwalasz mi być,
we mnie,
w Tobie,
czuję się bezpiecznie.
Zanurzam się w pokoju, który Cię otacza
i jestem u siebie.

Mein lieber Vater,
darf ich mich bitte zu Deinen Füßen setzen und
Deine Gegenwart genießen.
Ich küsse den Saum deines Gewandes, und Du legst
Deine Hand schützend auf mein Haupt.
Ich spüre Dich in meinem Geist,
und ich kann hineintauchen zu Dir ganz nah.
Sei in mir und allgegenwärtig,
sei mit mir, jetzt und alle Tage,
bleibe bei mir bei allem, was ich tue und sage,
handle und wandle in mir
– Dir zum Gefallen – .

My dear father,
please let me sit down at your feet and enjoy
your presence.
I kiss the hem of your robe, and you lay your hand

on my head to protect me.
I feel you in my spirit,
and I can delve into you, and be very close to you.
Be in me, and omnipresent,
be with me now and forerver,
stay by me, in everything I do and say,
act and walk in me,
– at your pleasure – .

Mi querido Padre
permíteme sentarme a tus pies,
y disfrutar tu presencia,
beso el filo de tu vestimenta
y pones tu mano sobre me cabeza
protegiéndome,
te siento en mi espíritu
y puedo sumergirme en Ti muy cerca,
permanece presente en mi,
permanece en mi hoy y cada dia,
permanece en mi en todo lo que hago, digo.

Actúa y transfórmame.

– Para agradarte – .

Mio caro padre,

permetti che io mi siedo ai tuoi piedi e

godere la tua presenza.

Io ti bacio il lembo della tua vesta, e tu metti

la tua mano proteggermente sulla mia testa.

Ti sento nel mio spirito

e posso tuffarmi vicinissima a te.

Sii in me, onnipresente,

sii in me, ora e ogni giorno,

resta con me in tutto quello che io faccio e dico,

agisci e rigampi in me.

– per donare te – .

Mon cher père,
pourrai-je m'asseoir à tes pieds et
Jjouir de ta présence.
Je caresse le bord de tes vêtements,
et tu mets ta main sur ma tête pour me protéger.
Je te sens dans mon esprit,
et je peux m'envelopper de toi, et être si près de toi.
Sois en moi, et omniprésent,
Sois avec moi maintenant, e tout au long de la journée,
Reste à mes cotés, en tout ce que je fais et dis,
Agis et transforme-moi,
– pour ton plaisir –.

Mój kochany Ojcze,
Czy mogę, proszę, usiąść u Twych stóp
i cieszyć się Twoją obecnością.
Całuję rąbek Twojej szaty, a Ty kładziesz

Twoją rękę na mojej głowie.

Czuję Cię w mojej duszy

i mogę zbliżyć się do Ciebie bardzo blisko.

Bądź przy mnie i wszechobecnie,

bądź ze mną, teraz i zawsze,

pozostań przy mnie we wszytkim, co robię i mówię,

działaj we mnie

- abym się Tobie podobała -.

Ich spüre Deine Gegenwart
und der Horizont verliert seine Grenze
und das Meer öffnet seine Tiefen.
Du bist das Zentrum meines Seins,
Du bist mein Ich.
Ich finde Dich und verliere mich.
Du bist alles, was ich zu hören wünsche und
Du bist alles, was ich zu sehen hoffe.
Du bist alles, was ich glaube und
Du bist alles, was ich ersehne.
Du bist meine Vergangenheit, meine Gegenwart
und meine Zukunft.
Du bist alles was ist
und alles was sein wird.

Ich verbeuge mich und bitte segne mich.

I feel your presence,
and the horizon is endless,
and the sea opens its depth.
You are in the middle of myself,
You are myself.
I find you, and I get lost.
Your are everything I want to listen to, and
you are everything I hope to see.
you are everything I believe in, and
you are everything I long for.
You are my past, my present and my future.

I bow myself, and please bless me.

Siento tu espíritu
y el horizonte pierde su frontera
y el mar abre su profundidad.
Tu eres el centro de mi ser.
Tú eres mi yo,
te encuentro y me pierdo.

Tu eres todo lo que deseo ohir
y todo lo que espero ver.
Tu eres todo que creo
Tu eres todo lo que añoro
Tu eres mi pasado, mi presente
y mi futuro
Tu eres todo lo que es y todo lo que será,

yo me arrodillo delante de Tí y por favor bendíceme.

Sento la tua presenza
e l'orizzonte perde i suoi limiti
e il mare apre le sue profondità.
Tu sei il centro del mio essere,
Tu sei il mio essere.
Io ti troverò e mi perdo.
Tu sei tutto, cosa io spero di sentire e
Tu sei tutto, cosa io spero di vedere.
Tu sei tutto, cosa io credo e
Tu sei tutto, cosa io desidero.
Tu sei il mio passata, il mio presente

e il mio futuro.
Tu sei tutto ciò che è
e tutto cosa accadrà.

Mi inchino e ti prego di benedirmi.

Je sens ta présence,
et l'horizon perd ses limites,
et la mer ouvre ses profondeurs.
Tu es le centre de mon essence,
Tu es mon "moi".
Je te trouve et me perds.
Tu es tout, ce que je désire écouter et
Tu es tout ce que j'espère voir.
Tu es tout, ce que je crois et
Tu es tout ce à quoi j'aspire.
Tu es mon passé, ma présence
et mon avenir.
Tu es tout ce qui est
et tout ce qui sera.

Je m'incline et te prie de me bénir.

Czuję Twoją obecność
i horyzont traci swoje granice
i morze otwiera swoją głębię.
Jesteś centrum mojego istnienia,
jeseś moim ja.
Odnajduję Ciebie i zatracam siebie.
Jesteś wszystkim, co pragnę słyszeć
i jesteś wszystkim, co chciałabym widzieć.
Jesteś wszystkim, w co wierzę
i jesteś wszystkim czego pragnę.
Jesteś moją przeszłością, moją teraźniejszością
i moją przyszłością.
Jesteś wszystkim co jest
i co będzie.

Pochylam się i proszę pobłogosław mnie.

Du bist mein Sein
und ich bin Dein Tun,
berühre meine Seele,
öffne mein Herz,
behüte mein Leben und
bitte, beschütze meine Kinder.
Sei mein Ursprung,
meine Quelle,
mein Flussbett und mein Ozean.
Sei mein Sandkorn,
meine Wüste,
ein Hauch und ein Sturm,
sei das was ich bin und
so wie ich sein soll,
gebe mir meine Spur und
lichte meinen Anker,
dass ich um die Welt ziehe,
mit Deiner Liebe,
nach Deinen Gesetzen,
damit Du mich so sein lässt, wie Du willst dass ich bin.

You are my existence,
and I do everything you want me to,
touch my soul,
open my heart,
save my life, and
please take care of my children.
Be my origin,
my source,
my riverbed, and my ocean.
Be my grain of sand,
my desert,
a breath of air, and a storm,
be the way I am, and
the way I should be,
show me the way I have to go,
and weigh my anchor,
so that I can travel around the world
with your love,
according to your laws,
and that you let me be the way
you want me to be.

Tu eres mi ser,
y yo soy tu hacer,
toca mi alma,
abre mi corazón,
guarda mi vida,
por favor, proteje a mis hijos.
Sé mi orígen, mi fuente,
mi río y océano.
Sé mi grano de arena,
mi desierto, un soplo, una tormenta,
sé, lo que quiero ser
y, así como debo ser;
entrégame mi huella
levanta mi ancla
que arrastro por el mundo con tu amor
según tus principios.
Permíteme que sea así, como Tú quieres que yo sea.

Tu sei il mio Essere
Ed io le tue azioni,
tocca la mia anima,
apri il mio cuore,
veglia sulla mia vita e
per favore, proteggi i miei figli.
Sii il mio origine,
mia fonte,
il mio fiume e il mio mare,
sii il mio granello di sabbia,
mio deserto,
un respiro ed una bufera,
sii quello che io sono e
così come io dovrei essere,
dammi la mia orma e
chiarisci il mio ancora,
che io trascino per il mondo,
con il tuo amore,
verso le tue leggi,
in modo che mi permetti di essere,
come tu vuoi che io sia.

Tu es mon être
et je suis ton agir,
touche mon âme,
Ouvre mon cœur,
Protège ma vie et
Pardon, soutiens mes enfants.
Sois mon origine,
ma source,
mon lit du fleuve et mon océan,
Sois mon grain de sable,
mon désert,
le soufflé et le torrent,
Sois ce que je suis et
comme je dois l'être,
Donne-moi ma marque et
Éclaircis mon ancre,
afin que je fasse le tour du monde,
avec ton amour,
selon tes lois,
afin que tu me laisses être ainsi,
comme tu veux que je sois.

Jesteś moją obecnością
a ja Twoim działaniem,
dotknij mojej duszy,
otwórz moje serce,
strzeż mego życia
i proszę, strzeż mych dzieci.
Bądź moim początkiem,
moim źródłem,
korytem mojej rzeki i moim oceanem.
Bądź moim ziarnkiem piasku,
moją pustynią,
tchnieniem, i burzą,
Bądź tym, czym ja jestem
I tym, jaka być powinnam,
Zostaw mi ślad
i podnieś moją kotwicę,
abym podążała przez świat,
z Twoją miłością,
według Twych przykazań,
żebym stawała się taką, jaką chcesz żebym była.

Ich umarme Deine Güte
und ich lebe Deine Liebe
und wenn ich wissen möchte was Du denkst,
lasse ich mein Herz sprechen!

I embrace your kindness,
I live your love,
and if I want to know what you are thinking of,
I let my heart speak!

Abrazo tu bondad
vivo tu amor,
y cuando desehe saber lo que piensas
le permitiré hablar a mi corazón!

Io abbraccio la tua bontà
ed io vivo il tuo amore
e se vorrei sapere tu cosa pensi,
lascio parlare il mio cuore!

J'embrasse ta bonté
et je vis ton amour
et quand je veux savoir ce que tu penses,
je laisse parler mon Cœur!

Obejmuję Twoją dobroć
i żyję Twoją miłością
i kiedy chcę wiedzieć co myślisz,
słucham mego serca!

283

Du hast mich gelehrt,
dass mein Glaube an Dich Berge versetzen kann,
aber ich durfte auch erfahren, dass wahr wird,
was ich mir überhaupt nicht vorstellen kann.

Danke für das mögliche Unmögliche!

You taught me,
if I believe in you almost everything is possible.
But I also learned that everything will come true,
although I cannot imagine.

Thank you for the impossible!

Me has enseñado que mi fé en Ti
puede trasladar montañas
pero también me hiciste saber
que se hace realidad
todo aquello que yo ni siquiera puedo imaginar.

Gracias por lo posible en lo imposible!

Tu mi hai insegnato,
che la mia fede può sostare anche montagne,
ma io ho anche potuto conoscere, cosa diventerà
realtà,
cosa io non potevo mai immaginare.

Grazie per il possibile L'Impossibile!

Tu m'appris,
que ma foi déplacerait en toi les montagnes,
mais je devais aussi expérimenter, ce qui est réel,
ce que je ne peux pas généralement me représenter.

Merci pour ce possible inimaginable!

Ty mnie nauczałeś,
że moja wiara w Ciebie może przenosić góry,
ale mogłam też doświadczyć, że prawdą staje się to,
czego sobie w ogóle nie mogę wyobrazić.

Dziękuję za możliwe niemożliwe!

❀

Ich weiß nicht wie's geht,
aber Du weißt es,
und deshalb habe ich mich in Deine Hände begeben;
ich danke Dir für jedes Wort, das ich finde,
für jeden Gedanken, den ich fasse,
für jeden Satz, den ich begreife:

Damit ich im Worte mich finden kann.

I don't know how it works
but you know it
and that is why I have committed myself in your
hands;
thank you for every word I find,
for every thought I grasp,
for every sentence I understand:

So that I can find myself in words.

Nosé como funciona
pero Tú lo sabes
y por eso me entrégo en tua manos,
te agradezco por cada palabra que encuentro,
por cada pensamento,
por cada frase que logro entender:

Que me permiten encontrarme a mi misma,
en palabras.

Io non so come va,
ma tu lo sai,
e per questo mi sono messa nelle tue mani;
ti ringrazio per ogni parola, che io trovo,
per ogni pensiero, che io concepisco,
per ogni frase, che io capisco:

In modo che io possa trovarmi nelle parole.

Je ne sais pas comment ça va,
mais tu le sais,
et c'est pourquoi je me jette dans tes mains;
Je te remercie pour chaque mot, que je trouve,
pour chaque pensée, que je formule,
pour chaque phrase, que je construis:

Afin que je puisse me trouver dans un mot.

Nie wiem jak to jest,
ale Ty to wiesz,
i dlatego oddałam się w Twoje Ręce;
dziękuję Ci za każde słowo, które znajduję,
za każdą myśl, którą tworzę,
za każde zdanie, które zrozumiem:

Abym mogła odnaleźć się w słowach.

Ein Wort, das Du gesprochen und ich vernommen,
gilt ein Leben lang.

Und alles schien, wie es war,
und nichts blieb, wie es war.

A word you spoke and which I heard,
is valid for life.

And everything seems as it was
and nothing remained as it was.

Una palabra que dicha por Ti
yo escucho y declaro
válida para toda la vida.

Y todo parece como fué
y nada permanece como fué.

Una parola, che tu dicevi ed io percepivo,
vale per tutta la vita.

E tutto sembrava, come se fosse
e niente era rimasto, com'era.

Un mot, que tu disais et que je percevais
vaut pour toute la vie.

E tout arrivait comme c'était
et rien ne restait comme c'était.

Słowo, które Ty wypowiedziałeś, a ja je przyjęłam,
trwa przez całe życie.

I wszystko wydawało się, takie jak było,
I nic nie pozostało takie jak było.

Und wir werden erkennen, dass es nur eine Sprache gibt;
dass Gott die Liebe ist,
die keine Grenzen kennende
und auf der ganzen Welt
nur eine Sprache sprechende,
allmächtige Liebe.

Und das ist nicht das Ende, sondern der Anfang.

And we will find that there is only one language,
that God is love,
the love which doesn't know borders,
and this language is the only one
thich is spoken in the whole world,
the almighty love.

And this is not the end, but the beginning.

Y nosotros reconoceremos que solo hay un idioma,
que es el amor de Dios,
que solo existe un idioma sin fronteras en el mundo
entero
que es el amor
Un amor todopoderoso.

Y éste no es el final síno el comienzo.

Ed noi riconosceremo, che essiste solo una lingua;
che Dio è l'amore,
è che non conobbe nessuna frontiera
su tutto il mondo
si parli una sola lingua,
onnipotente amore.

E questa non è la fine, questo è l'inizio.

Et nous reconnaîtrons qu'il n'y a qu'une seule langue;
Que Dieu est amour,
Qui ne connaît pas de fin
Et seulement une seule Langue se parle sur toute la
terre,
Ce puissant amour.

Et ce n'est pas la fin, mais plutôt le commencement.

I poznamy,
że jest tylko jeden język;
język bożej miłości,
nie znającej żadnych granic
i mówiącej na całym świecie tylko jednym językiem,
wszechmogącej bożej miłości.

I to nie jest koniec, lecz początek.